新时代中青年学者文库
国家社科青年项目（批准号：18CGJ004）资助成果

逆全球化背景下的国际资本流动

刘玚 著

NI QUANQIUHUA BEIJING XIA DE
GUOJI ZIBEN LIUDONG

中国财经出版传媒集团
中国财政经济出版社

图书在版编目（CIP）数据

逆全球化背景下的国际资本流动 / 刘玚著. -- 北京：中国财政经济出版社，2023.3

ISBN 978-7-5223-1960-5

Ⅰ.①逆… Ⅱ.①刘… Ⅲ.①国际资本－资本流动－研究 Ⅳ.①F831.7

中国国家版本馆 CIP 数据核字（2023）第 026158 号

责任编辑：陆宗祥　　责任印制：史大鹏

封面设计：卜建辰　　责任校对：徐艳丽

中国财政经济出版社 出版

URL：http：//www.cfeph.cn

E-mail：cfeph@cfeph.cn

社址：北京市海淀区阜成路甲 28 号　邮政编码：100142

营销中心电话：010-88191522

天猫网店：中国财政经济出版社旗舰店

网址：https：//zgczjjcbs.tmall.com

北京财经印刷厂印刷　各地新华书店经销

成品尺寸：170mm×240mm　16 开　11.5 印张　185 000 字

2023 年 4 月第 1 版　2023 年 4 月北京第 1 次印刷

定价：52.00 元

ISBN 978-7-5223-1960-5

（图书出现印装问题，本社负责调换，电话：010-88190548）

本社质量投诉电话：010-88190744

打击盗版举报热线：010-88191661　QQ：2242791300

前言

后疫情时代，新的国内外经济形势对我国开放条件下货币政策的目标体系、政策规则、政策传导效率及国内金融风险监管带来了更严峻的挑战。一方面，疫情冲击导致我国经济增长压力显著加大，宽松的经济政策倾向可能会引发本币持续性贬值，在美联储激进加息加持下存在资本外逃风险；另一方面，全球经济政策分化持续加大，俄乌冲突不仅造成了供给侧的全球通胀压力，更是在地缘政治冲突加剧的背景下为经济再全球化萌生阴影。当前，全球经济不确定性急剧攀升，自美国紧缩政策开始以来，主要经济体的宏观经济波动显著加大，“黑天鹅”与“灰犀牛”事件频发，全球经济已确认进入衰退时期。在这一背景下，各国保护主义支持者通过制造贸易摩擦、挑起全球金融战等方式，试图引导国际资本回流，达到维护本国经济利益目的。而这种行为不仅会引起各国经济系统的动荡，同时也会加剧各国间深层次矛盾。逆全球化倾向逐步显现。

逆全球化倾向的表现特征十分多样，从经济方面来看可以反映为贸易、投资、跨境资本流动与宏观政策协调等。这其中，跨境资本流动由于其时间短、规模大、冲击力度强，在很多时候往往对一国短期内造成致命冲击。尽管部分国家或经济体试图通过资本管制等方式对跨境资本流动实施约束，但长期过度的资本管制不仅会降低本国金融资源的全球配置效率，更会被其他国家视为“不开放”的对手而予以针对，引起不必要的争端。

既然长期来看跨境资本流动的管理必须放松，那么我们的研究更应当聚焦到外部冲击下国际资本流动（各国跨境资本流动的集合）的表现特征是什么？当前逆全球化倾向下国际资本流动将会如何变化？这些变化会对一国宏观经济或金融系统造成怎样的冲击？我们应该怎样应对这样的变化？为了解决上述问题，本书的出发点与落脚点是发达经济体逆全球化政策对国际资本流动的影响及对中国造成的冲击和相应对策。具体来看包括四个部分：

第一部分为第一章至第三章，重点对逆全球化及国际资本流动的现状与特征进行描述与分析。第一章为导论，主要基于特征化事实对经济全球化与逆全球化背景进行讨论与分析，同时提出本书的理论与实践意义以及研究框架。第二章为文献综述，分别从逆全球化理论基础、国际资本流动影响因素和国际资本流动对宏观经济影响三个层面进行文献整理与分析，并对现有文献进行评述。第三章为国际资本流动的演变特征与动力分析，重点讨论逆全球化背景下国际资本流动的变化形式与特征、分析其波动的影响因素，并对未来国际资本流动的变化进行趋势研判。第二部分为第四章、第五章，分别从“风险”与“信心”两个渠道讨论逆全球化视角下国际资本流动对一国宏观经济产生影响的具体机制，为后续国际资本流动的趋势判断以及风险防范提供数据支撑。第三部分为第六章、第七章，从中国视角出发，讨论逆全球化冲击下国际资本流动对中国资产价格及中国系统性风险可能产生的影响，为维护中国经济平稳运行提供事实判断。第四部分为第八章至第十章，重点从资本流动管理框架、宏观审慎框架、人民币国际化及数字人民币视角出发，主要针对国际资本流动风险进行“疏”“堵”结合，讨论逆全球化背景下国际资本冲击的具体应对方案。具体来看，第八章以“堵”为核心，通过构建国际资本流动预警指数，防范国际资本流动在短期可能对宏观经济造成的风险；第九章与第十章以“疏”为核心，通过加快人民币国际化和数字人民币普及，同时强化区域乃至全球国际资本流动监管协调机制建设疏通国际资本流动的长期风险积累。最后结合世界经济格局的演进趋势，探索国际货币体系改革的方向。

本书力争回答在中长期国际资本流动调控过程中我们应当做什么，以及在短期内如何应对国际资本流动突变的情况。内容上既囊括纯理论研究，又包括对策研究，目的是为货币当局提供可选择的政策空间。基于系统、动态和可持续的研究思路，采取逐层推进方式扩展相关核心概念的内涵与外延，兼顾系统分析与因素研究，在合理构建开放经济货币政策调控理论建模基础上广泛采用先进的计量经济方法进行实证研究，从而为货币当局提供切实可行、性质有限的政策建议。

目 录

第一章

导　　论

后疫情时代，新的国内外经济形势对我国开放条件下货币政策的目标体系、政策规则、政策传导效率及国内金融风险监管带来了更严峻的挑战。一方面，疫情冲击导致我国经济增长压力显著加大，宽松的政策倾向可能会引发本币持续性贬值，在美联储激进加息加持下存在资本外逃风险；另一方面，全球经济政策分化持续加大，俄乌冲突不仅造成了供给侧的全球通胀压力，更是在地缘政治冲突加剧的背景下为经济再全球化萌生阴影。当前，全球经济不确定性急剧攀升，自美国紧缩政策开始以来，主要经济体的宏观经济波动显著加大，"黑天鹅"与"灰犀牛"事件频发，全球经济已确认进入衰退时期。在这一背景下，各国保护主义支持者通过制造贸易摩擦、挑起全球金融战等方式，试图引导国际资本回流，达到维护本国经济利益目的。而这种行为不仅会引起各国经济系统的动荡，同时也会加剧各国间深层次矛盾。逆全球化倾向逐步显现。

从时代要求出发，立足于中国自身实际情况，讨论和分析逆全球化背景下国际资本流动的演变特征及对中国的影响，既是本书的出发点，也是学术探讨的落脚点。由于我国国情相对复杂，需要在研究范围内进行适度的抽象概括，以便在最终提出相应对策过程中找到合适的落脚点。在国际经济格局中，发达经济体作为守成国，为摆脱金融危机所带来的负面影响，不得不采取一系列逆全球化措施，以求优先恢复本国经济，最终导致了国际资本出现回流趋势；中国作为崛起国，必然会受到发达经济体逆全球化政策的溢出效应影响。在逆全球化对全球经济带来极大不确定性影响的背景下，判断未来各主要经济体可能采取的相应措施以及对国际资本流动的变化影响显得尤为重要。

第一节　研究背景：基本共识

国家“十三五”规划明确指出：“要放宽境外投资汇兑限制，改进企业和个人外汇管理。放宽跨国公司资金境外运作限制，逐步提高境外放款比例。统一内外资企业及金融机构外债管理，稳步推进企业外债登记制管理改革，健全本外币全口径外债和资本流动审慎管理框架体系。”中国在推进人民币国际化进程中，如何完善国际资本流入与流出的监管机制与监管方式将成为这一过程中的必经之路。随着人民币的国际地位不断提升，中国与其他国家间非贸易资本往来频率加大，并且在全球利益博弈下，国际资本流动对中国经济的影响机制将更为复杂，全球政策协调的重要性也将进一步凸显。

一、经济全球化的基础与趋势

目前，绝大多数经济学家一致认为，现代史上的全球化进程主要分为两个阶段：一是19世纪前后以英国主导的经济全球化；二是20世纪至今以美国主导的经济全球化。从动机上来看，经济全球化实质上是全球经济资源的高效率流动，而这种流动产生的前提应当包含两个因素：一是参与者都有利可图；二是参与者都承担相对较低的全球化成本。其中第二个因素尤为关键。

较低的全球化成本是各国参与全球化的核心动机，也是实现各国共赢的利益诉求。这种成本往往包括两个层面：一是利益分配是否公平；二是交易成本是否足够低。基于上述原因，我们可以认为，经济全球化的出现与发展的前提主要包括三个条件：一是全球有一个或若干个超级大国作为领路人，实质上他们是承担全球化主要成本的当事人；二是有一套相对完善或相对公平的经济活动规则；三是借助新技术支持能够极大地降低交易成本。

基于上述三个条件，我们可以进一步对全球化的特征化事实进行验证：

19世纪初的经济全球化是以英国主导的自由贸易为标志，按照普遍观点，第一个全球化周期为1840年至1913年，这一阶段全球主要国家的商品出口规模显著增长，贸易作为全球经济增长推动力的重要性迅速提升。从商品出口总额占全球GDP数据结果来看（见图1－1），1840年至1913年该指标由期初的4.6%上升至7.8%。从增长结构上看，除荷兰与巴西的全球出口重要性有所下降之外，其余主要国家的贸易规模占全球GDP的比重显著上升。其中，德国与英国的这一比重增长最快，分别为6.8%和5.3%，其他国家地区也有不同程度的增长。

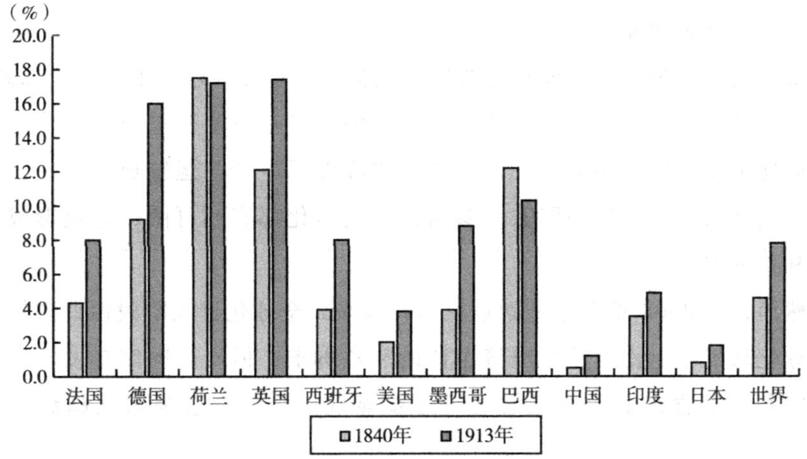

图1－1　1840年至1913年主要国家商品出口总额占全球GDP比重

资料来源：Wind数据库。

第一次经济全球化形成的主要原因有三点：一是工业革命带来的技术进步，包括轮船、铁路和电报等科技的发展极大地降低了交通运输成本与交流成本，也从根本上降低了贸易成本；二是经济学理论的指导作用，包括亚当·斯密（Adam smith，1723）、大卫·李嘉图（David Ricardo，1772）等著名经济学家提出的分工理论以及比较优势理论，为全球范围内的自由贸易提供了理论依据，全球主要国家和经济体开始放松以关税为代表的贸易管制措施，甚至解除部分贸易禁令，促使全球经济资源大范围、高效率流通；三是全球货币体系带来的保障，自1870年以来受益于全球金本位制的影响，各国货币间的汇率波动十分稳定，在全球贸易过程中交易双方则不必因汇率波动造成的风险而过多顾虑或施加更高成本以规避风险。

第二次世界大战后的经济全球化是以美国主导建立的全球新治理框架为标志。在这一阶段，美国通过布雷顿森林体系确立了以美元为全球核心货币的全新货币体系。以美国为首的西方国家建立了一套推动自由贸易、金融稳定与经济发展的国际经济体系，并在贸易自由化方面取得了绝对主导地位。

伴随着航运成本的进一步降低，1930 年至 1990 年美国的海运费用及港务费用下降了近 70%，国际通话费用降低了 98.6%（Caves，Frankel & Jones，2007）；同时美国还建立了以 SWIFT 为核心的国际结算体系，极大地提高了国际贸易与国际结算效率。特别是在 20 世纪 70 年代后，新兴经济体开始转为出口导向策略，逐步扩大对外开放程度，积极参与全球分工当中，全球化的替代效应显著增强。

第二次经济全球化形成的主要原因包括：一是美国建立了新的全球政治、经济、金融治理体系，稳定了外部宏观环境；二是石油开采与提炼技术的升级，促使工业发展得到质的飞跃，进一步降低了生产与运输成本；三是无论对于发达国家还是发展中国家，参与经济全球化都有利可图，这就形成了一致的利益诉求。

然而，自 2008 年全球金融危机暴发以来，全球化进入阶段性调整期。尽管全球化从根本上仍然符合经济主体的利益诉求，但发达国家与发展中国家之间的利益矛盾在金融危机爆发后逐步显现，新一轮逆全球化趋势也逐步确立。

二、经济逆全球化出现的背景与条件

与经济发展一样，全球化进程同样具备显著的周期性特征。在以英国为主导的第一次经济全球化和以美国为主导的第二次经济全球化之间就曾经经历了一段典型的经济逆全球化阶段。这一阶段，全球贸易大幅萎缩，出口总额占 GDP 比重也出现了大幅度回调，同时国际资本流动也呈现显著的回流倾向。见图 1－2、图 1－3。

回顾两次世界大战前后的经济逆全球化情况，同时对比上文提出的经济全球化三个条件，可以发现三个条件居然同时无法满足：首先，英国作为经济全球化的主导者，其国际影响力逐步降低，并被美国取代；其次，金本位制受到黄金储备的制约使全球陷入通货紧缩，制度缺陷逐步显现；最后，工业革命带来的技术进步红利逐渐消失，经济发展缺少新技术支持。正因为如此，逆全球化趋势不可避免，而无论是“大萧条”的出现还是世界大战的爆发，有其偶然性也存在着必然性。

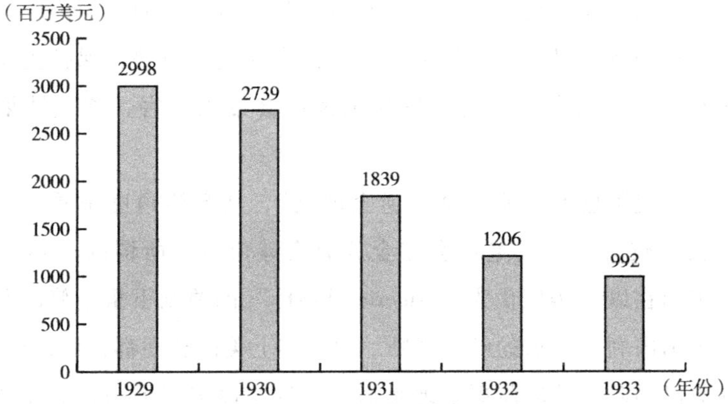

图 1-2 “大萧条”期间全球贸易规模变化

资料来源：League of Nations, Monthly Bulletin of Statistics. February 1934.

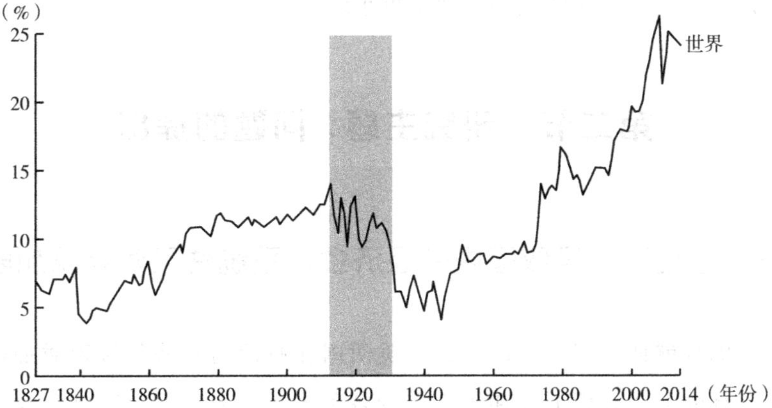

图 1-3 出口商品价值总额占全球 GDP 比重

资料来源：CEPII，BACI 数据库。

当前环境下，全球似乎也面临着“大萧条”前后同样的问题与困境：一方面，2008 年全球金融危机极大地削弱了美国在全球经济金融的主导地位，特别是量化宽松货币政策的实施，极大损害了发展中国家的利益，使美国的国际信誉逐步降低；另一方面，无论是经济结构转型导致的工业重要性下降还是新能源对石油的替代效应逐步显现，石油技术对经济增长的贡献水平也开始下降，全球又一次陷入技术“瓶颈”当中。加之 2020 年以来全球新冠肺炎疫情的暴发以及沙特与俄罗斯关于石油谈判破裂的负面冲击，全球性衰退趋势已逐步显现。可以肯定的是，一方面，美国在此次疫情中的表现已让全球失望，其国际地位与形象必然会有所损失；另一方面，中国的强势崛起在美国等发达经济体眼中成为其维持原有秩序的重要威胁，保护主义抬头对中国、所有发展中国家乃至所有发达国家都会带来损害，这一结果已无法逆转。

实际上，美国也不可能完全“逆全球化”，从政治角度来看，逆全球化的可能性相对较大，但其绝不会完全放弃全球市场。所谓的“逆全球化”，实质上是美国在以“美国优先（America First）”的原则下重新修改和制定更有利于美国国内利益诉求的经济规则。而事实上美国长期都在做这样的工作，只不过在奥巴马政府及以前更多地是通过隐性手段进行干预，而在特朗普时代这一目标与实施手段显得更加直接，甚至在拜登政府时期的手段更加兼具隐性与激烈双重特征。但无论如何，经济金融层面的逆全球化短期仍然存在，对中国以及新兴经济体的威胁仍然不可小觑。

第二节　研究主题：问题的提出

一、逆全球化导致国内外经济金融系统性风险暴露加剧

自特朗普就任美国总统以来，中美两国在政治与经济领域矛盾加剧，尽管后来拜登的上台表面上缓和了中美的各种矛盾，但实际上暗潮涌动。在美国的保护主义思潮崛起与“美国优先”政策的逐步落实下，可能会导致当前全球的经济贸易格局甚至国际政治秩序发生新的变化。

从贸易视角来看，美国对中国发起“301 调查”，意在逼迫中国遵循美国制定的相关规则，完全无防备地开放国内市场。这很有可能使中国在稳步改善国内经济贸易结构、巩固供给侧改革成果进程中遭遇新的阻滞。一方面，国内生活生产成本的提升导致出口商品的价格优势不复存在；另一方面，出口产品转型升级仍在进行中，当前产品的全球可替代效应逐步显现，包括印度、越南等发展中国家的出口商品已经与我国出口商品形成了激烈竞争，这无疑对支撑我国经济增长的“三驾马车”之一——国际贸易产生极大的负面影响。

从金融视角来看，我国的外部宏观经济金融形势遭到严重挑战。在当前以美元为主导的国际货币体系当中，无论是美元的加息周期还是量化宽松货币政策都会对中国国内经济金融环境造成巨大影响，更甚者会使中国经济面临两难。首先，美元一旦进入加息周期必然会导致国际资本回流至美国本土，国际资本流出会迫使中国整体流动性水平下降，造成被动紧缩的局面；其次，美联储如果采取量化宽松货币政策，则会迫使人民币被动升值，不仅影响本国的出口，同时大量短期资本流入国内追求高收益（往往会流入股票与房地产市场），加之非金融企业杠杆率过高，超过了全球警戒线90%的水平，未来一旦大量短期资本流出，可能会进一步引起国内系统性金融风险的积累与暴发。因此，一旦美国保护主义抬头，其货币金融政策在仅考虑本国经济而不考虑外部的负效应时，对中国必然会造成损害。在当前国际经济金融关系如此紧密的背景下，这种货币金融地位的“不公平”会加剧中美间的矛盾。

二、逆全球化导致国际资本流动本土化倾向加剧

经济处于衰退期，国际政治经济矛盾加剧，为保护本国居民的民生、就业和企业的发展，守成国往往倾向于将海外产业与资本回流至本土，以谋求本国国内经济稳定。然而，在全球化程度如此之高的当前环境下，跨国企业回流本土势必带来巨大的成本，因此海外企业与政府之间同样存在矛盾。为逼迫这些企业达到自身的政治与经济目的，守成国会通过一系列政治和经济手段加剧资本回流，造成国际资本本土化倾向显现。与此同时，部分海外投资者基于对海外资本市场存在的巨大的政策不确定性，本能地认为各国政府在保护本国投资者与海外投资者时存在明显偏袒，因此为了防止自身遭受损失，也更倾向于撤回海外投资，导致新兴经济体大量资本流出。这种国际资本流动的本土化倾向在全球遭遇重大负面事件时会更加显著，麦奎德（McQuade，2016）和施密茨（Schmitz，2016）将这一现象称为“国际资本流动的大缓和”（Great Moderation）。

从中国视角来看，伴随着资本与金融项目开放的程度逐步加深，越来越多的国际资本开始迅速流入与流出中国。近年来从中国香港进出大陆金融市场的资金呈几何倍数的增长，造成了大陆金融市场资产价格的剧烈波动，已

经对中国的金融稳定造成了负面影响。大量国际热钱显性或隐性地进入大陆市场，其主要目的是在相对较短时间约束条件下实现利润最大化，这就难免使资产价格的名义波动与实际的资产价值之间呈显著偏离，并不利于我国金融市场的修复与完善。大量国际资本快速流入国内，带动资产价格暴涨，一旦其目的达到，未来开始撤出时，将会导致本土市场流动性突然停滞，造成流动性风险，甚至引发金融危机。因此，国际资本本土化倾向的加剧在一定程度上也加大了我国资本流动管理的难度。如何对国际资本流入与流出进行有效监管与合理引导成为当前宏观审慎管理框架中的重要内容。

三、人民币国际化是缓解外部环境对本土经济稳定造成负面冲击的重要手段

当前环境下，人民币国际化是中国确立崛起的必经之路。人民币国际化的本质是在提升中国经济国际地位的基础上强化本国在全球政策协调过程中的话语权，从而使本国经济受益。根据 BIS 最新数据显示，人民币在全球交易最活跃货币中排名第八，新兴市场国家中排名第一；人民币交易总规模达到全球外汇市场份额的 4%。而 SWIFT 数据显示，人民币已经成为全球最活跃的结算货币之一，且目前英国、中国香港地区、美国和新加坡的人民币外汇交易总额分别排在全球离岸金融市场中的前四位。

短期来看，人民币国际化的目标不应当仅限于获取全球铸币税收入以及国际主要商品与资源的定价权，应当把眼光放得更加长远，通过金融体制改革与金融开放，完善自身的经济金融产业结构，推动创造稳定的国际货币环境，从而提升我国对世界经济的影响力。伴随着人民币国际化程度的提升，全球接受人民币意愿同样也会提升，对中国来说也就多了一条向外疏通流动性的重要渠道。当外部资本快速进入国内时，国内资本也可加大对外投资，形成一条可持续运转的流动性回路，从而对国内经济金融稳定发展提供保障。

经济全球化的支撑要素中，金融因素地位逐步凸显，而金融的核心地位又由货币与汇率竞争力来表现。中国作为崛起国，在实现货币国际化进程中必然会遭受守成国（如美国）的压制。随着金融国际化进程中全球货币竞争的加剧，货币与汇率竞争不仅是国际市场中的投资利益竞争，更重要的是对

国家利益的维护与保障。中国当前面临着十分重要的战略机遇期，人民币国际化任重道远。

第三节 研究意义

一、理论意义

国际资本流动作为各国之间经济金融资源配置，乃至风险传染的重要渠道，是国际经济学理论研究的重要内容。但在当前逆全球化背景下国际资本流动所表现出的特征更多地是作为研究的既定因素，并未更多地考察其本身发生变化的深层次原因。本书以国际资本流动为核心，结合当前逆全球化的特征化事实，通过整理模型的理论构建和数理分析，深入研究和探讨国际资本流动结构特征、影响因素和趋势变化，以及对中国资产价格、汇率及通胀影响的内在机理。其理论价值主要体现在：

第一，判断当前逆全球化背景下国际资本流动的主要特征与原因，有助于从根本上进一步完善国际资本流动的理论框架，为我国的国际资本流动管理提供理论指导。传统理论在分析国际资本流动的动因时更多基于的是与资本流动产生直接关联的宏（微）观数据，如利率、通货膨胀、经济增长以及汇率等，但在当前多变的国际经济环境和复杂的金融系统扰动下，这些因素已经无法对国际资本流动的规模与方向做出合理与准确的解释。本书分别从宏观与微观视角共同探讨影响当前国际资本流动的关键因素，其中宏观层面以经济政策不确定性为突破口，考察在不确定性环境下国际资本流动的演变特征；微观层面以系统性金融风险为突破口，分析市场情绪、金融市场间极端风险溢出等是否为国际资本流动的重要因素。

第二，以目的导向为思路，从理论上分析国际资本流动的极端变化是否对国内外宏观经济环境造成反馈效应。在逆全球化背景下，国际资本流动的波动情况较平稳时期更加显著，而极端的国际资本流入与流出可能对各国的宏观经济环境造成非对称扰动。本书试图从国际资本流入与流出两个视角重点讨论其对宏观经济变量的影响是否一致，并从理论角度分析其中的原因，为资本流动管理理论框架的完善提供新思路。

二、应用价值

全球主要经济体的经济金融政策、内部政治环境都会对国际资本流动产生显著影响，而国际资本流动的趋势性变化又会对中国产生直接冲击。研究本国跨境资本流动的变化特征对资本流动前瞻性管理影响效果必然弱于对全球视域下国际资本流动的变化趋势把握。因此本书的应用价值主要体现在：

第一，在合理判断未来各主要经济体可能采取的相应措施的基础上，讨论其对我国资本流动、金融风险与经济增长产生的潜在影响。中国作为全球价值链中的重要一环，其宏观经济环境必然受国外冲击的影响。国际资本流动作为国内外经济联动的重要“桥梁”，如何适当地接通或阻滞不同性质影响对国内经济造成的扰动是当前决策部门需要重点把握的问题。本书拟从资本流入和资本流出两个方面讨论外部不确定性如何对国内经济带来影响，进而提出相应的对策。

第二，基于三元悖论的实践，讨论中国的合理政策空间选择。发达经济体在三元悖论的实践中往往选择资本自由流动，因此在汇率稳定与货币政策独立方面做出适当权衡。但这一选择在20世纪末的英国与泰国货币危机暴发过程中得到了充分的否定。中国如果同样选择对国际资本流动放任不管，表面上维护了本国在国际上“自由”的标签，一旦遭遇到类似2017年前后国内外宏观经济目标冲突的情况，必然会陷入政策两难，不利于国内经济稳健运行。本书试图对国际资本流动的波动与变化进行合理预警，讨论对资本流动实施有效管理的合理时机，为决策部门提供可操作的具体方案。

第四节　研究思路与目标

在国际经济格局中，发达经济体作为守成国，为摆脱金融危机带来的负面影响，不得不采取一系列逆全球化措施，以求优先恢复本国经济，最终导致了国际资本出现回流趋势；中国作为崛起国，必然会受到发达经济体逆全球化政策的溢出效应影响。本书的出发点与落脚点是发达经济体逆全球化政策对国际资本流动的影响及对中国造成的冲击和相应对策。具体来看：

第一章为导论，主要基于特征化事实对经济全球化与逆全球化背景进行讨论与分析，同时提出本书的理论与实践意义以及研究框架。第二章为文献综述，分别从逆全球化理论基础、国际资本流动影响因素和国际资本流动对宏观经济影响三个层面进行文献整理与分析，并对现有文献进行评述。第三章为国际资本流动的演变特征与动力分析，重点讨论逆全球化背景下国际资本流动的变化形式与特征、分析其波动的影响因素，并对未来国际资本流动的变化进行趋势研判。第四章和第五章分别从“风险”与“信心”两个渠道讨论逆全球化视角下国际资本流动对一国宏观经济产生影响的具体机制，为后续国际资本流动的趋势判断以及风险防范提供数据支撑。第六章和第七章从我国视角出发，讨论逆全球化冲击下国际资本流动对我国资产价格及我国系统性风险可能产生的影响，为维护我国经济平稳运行提供事实判断。第八章至第十章为对策分析，重点从资本流动管理框架、宏观审慎框架、人民币国际化及数字人民币视角出发，主要针对国际资本流动风险进行“疏”“堵”结合，讨论逆全球化背景下国际资本冲击的具体应对方案。具体来看，第八章以“堵”为核心，通过构建国际资本流动预警指数，防范国际资本流动在短期可能对宏观经济造成的风险；第九章与第十章以“疏”为核心，通过加快人民币国际化和数字人民币普及，同时强化区域乃至全球国际资本流动监管协调机制建设疏通国际资本流动的长期风险积累。最终结合世界经济格局的演进趋势，探索国际货币体系改革的方向。

本书力争回答在长期国际资本流动调控过程中我们应当做什么，以及在短期内如何应对国际资本流动突变的情况。内容上既囊括纯理论研究，又包括对策研究，目的是为货币当局提供可选择的政策空间。基于系统、动态和可持续的研究思路，采取逐层推进方式扩展相关核心概念的内涵与外延，兼顾系统分析与因素研究，在合理构建开放经济货币政策调控理论建模基础上广泛采用先进的计量经济方法进行实证研究，从而为货币当局提供切实可行、性质有限的政策建议。

第二章

研究文献：简要回顾

第一节 经济全球化与逆全球化研究动态

一、经济全球化的界定与演进

关于全球化的发展与进程问题，经济学家们倾向于从历史的角度进行总结与界定。丁伯根（Tinbergen，1950）在其专著《国际经济一体化》一书中首次提出了“经济一体化”（Economic Integration）的概念。而对于“经济全球化”的概念界定源自莱维（1985）：经济全球化指的是对世界范围内商品、服务、资本等市场一体化联系不断增强的过程与趋势。这一阶段，对经济全球化的界定更多是通过国际贸易视角进行探讨，即贸易自由化是第一阶段经济全球化的重要标志。

实际上，自由贸易带动全球福利水平上升的理论基础源自 Adam smith（1723）的分工理论以及 David Ricardo（1772）的比较优势理论。他们强调分工与交换能够极大地提高工作效率，从而实现财富积累：个人如此，国家亦是如此。赫克歇尔（Heckscher，1879）与俄林（Ohlin，1899）在前人基础上提出了国际贸易的要素禀赋理论，成为经济国际化发展的重要理论支撑。而后，列昂惕夫（Leontief，1953）提出了著名的列昂惕夫之迷（The Leontief Paradox），强调技术进步、人力资本与生产周期在经济国际化中的重要作用，逐步完善了经济全球化理论。

一般情况下认为，全球化程度取决于市场中同质化大宗商品在不同区域的套利空间。套利空间越大代表全球化程度越低，反之套利空间越小则表示全球化程度越高。按照这一标准，部分经济学家认为经济全球化的开端应该在19世纪20年代初，因为这一时期欧洲内部各国以及跨大西洋的大宗商品价格在未考虑运输成本的情况下差额维持在30%以内（Williamson，1995）。在此研究基础上，奥洛克（O'Rourke，2000）和威廉森（Williamson，2000）的进一步研究发现，稳定的国际货币体系以及相对较低的运输成本才是全球化水平的决定性因素。19世纪40年代至20世纪初，由于全球金本位制的确立，加之工业革命带来的运输成本下降（据估算这一阶段的运输成本较之前降低了近60%）。而波特（Porter，1990）基于竞争优势假说，强调各国的国际竞争力提升是经济全球化发展的重要推动力。

罗兰·罗伯逊（Roland Robertson，1992）认为，经济全球化的发展经历了五个阶段：第一阶段为1400年至1750年，这一阶段受欧洲罗马天主教扩张思路影响，海外探索新大陆成为欧洲各国所热衷的事业，且这一阶段国家之间的经济往来密切程度迅速加深；第二阶段为1750年至1875年，这一阶段主要体现欧洲主导的国际社会秩序被非欧洲国家所接受；第三阶段为1875年至1925年，主要以文化体育为主要沟通交流机制（如奥运会等），促使各国间的政治、经济往来密切程度加深，直至第一次世界大战爆发前；第四阶段为1925年至1969年，主要是第二次世界大战结束后，以美国主导的国际政治经济货币体系逐步建立，国际局势得到一定程度缓和；第五阶段为1969年至今，冷战结束后，国际合作进一步紧密，以跨国公司为标志的全球经济往来模式逐步得到全球各经济体的认可。

在国内，刘曙光（2002）认为，经济全球化的主要表现形式为全球化要素市场和终端产品市场网络的不断发展与完善，其主要受五方面因素影响：一是经济因素，当经济增长的可持续动力存在，市场参与者存在显著的乐观预期，全球各国的经济关系会更倾向于朝着合作方向发展；二是技术因素，无论是工业革命、石油提炼技术提升还是互联网技术的发展，都极大地提升了生产与劳动效率，降低了国际交易与沟通的成本，有助于各国之间加强紧密合作；三是资源环境因素，最新阶段的经济全球化发展在很大程度上受到了资源全球化的影响，以石油为主要导向的全球能源流动以及后续在治理污染过程中的《京都议定书》都成为全球各国经济合作往来的主要推手；四是社会因素，即国际重大犯罪所引致的国际社会问题同样会强化各国之间的协作；五是政治因素，全球政治组织的交往不断发展①，成为资源全球自由流通的重要保障。

二、经济逆全球化的原因及推动因素

一些学者认为，经济全球化虽然是大势所趋，但在全球化过程当中会体现出显著的周期性。作为经济全球化进程的对立面，“逆全球化（Deglobalization）”特指在经济全球化进展到一定阶段后所出现的不同程度和不同形式的市场再分割现象（张茉楠，2017）。经济全球化能够最大限度地通过市场机制提升资源在全球范围内的配置效率，从而提高全球的福利水平，但也需要承担部分成本。实际上，任何市场都无法实现自我稳定与自我合法化，需要通过政府干预，制定相应的规则来保证市场的稳健运行，但全球市场的规则往往由那些在全球政治、经济方面占据主导权的国家来制定，他们制定的规则必然会更多地对自身有利（尽管他们可能为此曾经付出过巨大的成本）。于是乎，在市场运转机制中会出现利益分配的不平等，这种不平等在所有参与者均能从中获利的过程中往往会被忽视掉，直到乐观预期消失甚至出现损失时，这种不平等和不公平才会被放大，进而保护主义抬头。因此从现实情况来看，在逆全球化出现以前往往会以全球性金融危机为导火索。

一些观点认为，经济全球化在一定程度上会引发“钟摆运动”逆转效应，即伴随着全球经济关联程度的加深，经济资源跨国的自由流动在一定程度上可能会加剧国家之间的发展不平衡，并在当前环境下通过复杂的金融网络传递至全球，导致全球金融危机的暴发。帕特耐克（Patnaik，2016）强调，由于全球经济结构的不均衡发展，各国之间的贫富差距扩大，这些因素成为经济全球化的主要阻力。根据苏黎世理工学院经济研究所发布的 KOF 指数可以看出，2007 年以前全球经济一体化程度处于相对较高水平，但在 2007 年后出现了断崖式下跌，尽管在 2009 年出现反弹并逐步复苏，但这一指标在 2013 年后又一次震荡下跌，充分说明了 2008 年全球金融危机对经济全球化带来的负面影响。

佟家栋（2018）认为世界经济逆全球化趋势出现过两次，一次是 1929

① 尽管这一过程中出现了一极化国际政治格局，但国际政治合作趋势没有发生变化。

年至1933年前后全球“大萧条”时期。由于世界经济发展不平衡，一些国家（如德国）出现了严重的失业与产能过剩的情况，经济陷入衰退。经济问题迅速转变为政治及军事冲突。尽管1933年后全球经济逐步恢复，但各国保护主义抬头，通过提升关税等方式保护本国市场。时任美国总统的罗斯福提出了类似当前特朗普就任时的口号“美国复苏优先”，迎合了经济全球化反对者的诉求，这进一步加剧了各国经济发展的不平衡，最终又引发了第二次世界大战。第二次逆全球化浪潮出现在2008年前后，美国作为全球政治经济的主导者，自身暴发了严重的次贷危机，又进一步演变成全球金融危机。这一阶段，美国启动了史无前例的量化宽松货币政策，迫使主要经济体不得不通过竞争性贬值的方式维护本国经济利益；随后直至近几年，特朗普总统上台，打着“美国优先”的旗号，先后退出代表自由贸易的TPP和TTAP，代表国际污染治理的巴黎协定，甚至主动挑起与中国等发展中国家之间的贸易摩擦，为本国的对外政策加上了浓厚的保护主义色彩。

从逆全球化的原因上看，无论是技术进步对经济增长的边际贡献“瓶颈”，还是当前的国际经济货币秩序不适应全球化参与者的利益诉求，都主张了保护主义的抬头。罗德里克（Rodrik，2000）基于这一问题曾经提出了全球化的不可能三角理论（Trilemma of Global Economy），即一国政府在全球化、国家政策主权和民主体制三个目标中仅能选择两个，放弃一个。参见图2-1。具体来看，如果一国选择维护国家政策主权和民主制度，那么该国政府无法在民主制度下无限制地对参与国际化进程中的利益受损集团进行合理补偿，从而加重社会分裂。因此，诸如此类国家，在以本国利益优先为指导原则下为了维护本土的民主体制，不得不施加逆全球化政策，寻

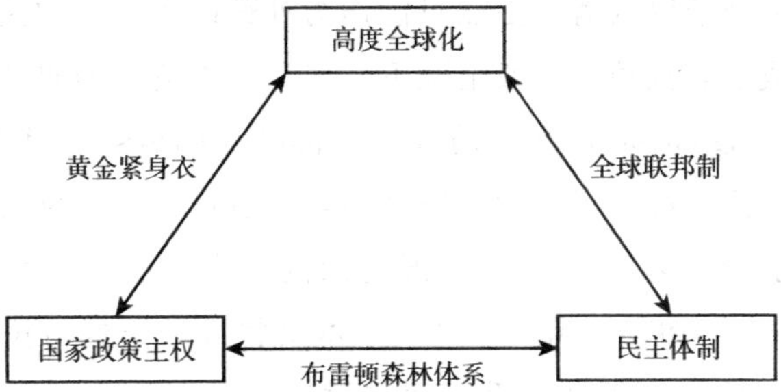

图2-1　全球化的不可能三角

求国内政治与经济平衡。西方国家在近年来的表现行为与上述理论表述基本一致，如美国在特朗普上台后就多次挑起贸易摩擦和退出多项自由贸易协定；欧洲一些主要国家（如英国和意大利）则表现为民粹主义抬头和脱欧事件暴发。

如果按照这一理论，假设一国需要维持自身政策主权的独立性，是否就必须意味着该国需要在民主体制与经济全球化之间进行权衡呢？葛浩阳（2019）认为并非如此。他认为 Rodrik（2000）的观点具有一定的局限性，是一种基于轻量级经济全球化假设前提的结论。从马克思政治经济学的视角来看，民主体制与经济全球化之间的矛盾本质上是资本主义经济全球化进程中的空间悖论，即劳动与资本之间的矛盾。问题的核心并不在于资本与劳动之间的权衡或选择，而是应当跳出这一框架，构建一个能够有效缓和两者之间矛盾的新型体制或关系。现阶段的经济全球化本质上是新自由主义政策下维护资本的全球化过程，这就迫使劳动陷入不利境地，实际上就是发达经济体在内政治理上挤压了劳动者的利益，促使贫富差距加大，社会矛盾才会变得更加尖锐。从趋势上看，必然会出现一个更加积极的“普惠型”经济全球化，即经济全球化所带来的福利更具普适性，这样才能从根本上缓和资本与劳动之间的矛盾，使经济全球化进入一个全新阶段。

第二节　逆全球化背景下国际资本流动的影响因素

逆全球化背景下，一国的国际资本流入与流出受到全球主要经济体政策变化的影响。当这些主导国家的一系列宏观经济政策发生变化时，其他国家若不采取相应措施予以抵消，必然只能作为外部政策冲击的接受者，对本国的资本流动造成显著扰动。一般情况下，国际资本流动的驱动因素主要包括推动因素（pushing factors）和拉动因素（pulling factors）。其中：推动因素，指的是国际资本流向特定国家的一般性因素，也可理解为供给性因素；拉动因素，指的是引导国际资本流向一国的国内因素，也可理解为需求性因素（Fernandez – Arias，1996；IMF，2011）。本书将推动因素与拉动因素进行拆解，从具体的宏观经济变量入手整理与讨论国际资本流动变化的主要影响因素。

一、利率因素

凯恩斯（Keynes，1923）提出的利率平价理论指出，在不存在资本流动成本时，若两国之间存在利差，国际资本则会从低利率国家流向高利率国家，从而引起高利率国家货币短期升值、长期贬值，低利率国家货币短期贬值、长期升值。至此，利率作为国际资本流动变化的重要影响因素成为学术界公认的事实。卡尔沃（Calvo，1993）等通过实证研究发现，20 世纪 90 年代前后正是由于发达经济体陷入衰退而采取了低利率政策，致使大量资本流入了利率水平相对较高的发展中国家，为他们带来了显著的通胀压力。但世界银行（World Bank，1997）发现 20 世纪末期国际资本流动的主要形式为 FDI，这种具有长期投资属性的资本流动对短期利率水平的波动敏感性不高；而证券投资作为短期国际资本流动的主要形式，其对利率敏感相较 FDI 而言更加明显，因此利率并非这一阶段国际资本流动的主要影响因素。赫尔曼德斯（Hermandez，2001）等在前人的研究基础上，通过构建面板数据分析发现，尽管国际资本倾向于从低利率国家流向高利率国家，但由于国际资本流动成本的差异性，一些国家即使利率水平较高，国际资本流入的规模并没有发生显著变化。国内部分学者（汪洋，2004；巴曙松等，2015；李杰辉，2017）基于中国的实证数据同样论证了这一点。由于中国存在较为显著的外汇管制，导致国际资本流动成本较高，因此即使中国与其他国家之间存在显著利率缺口，这一缺口的变化与国际资本流动的变化关联度也并不高。雷努·科利（Renu Kohli，2001）研究发现，20 世纪 90 年代前后印度出现国际资本流入的主要原因在于，美元利率的下跌以及发达国家经济陷入衰退。戴淑庚和余博（2019）基于面板参数平滑系数模型分析发现，资本账户开放前，利率是影响国际资本流动的主导因素，因此我国在推进资本与金融项目开放时应当密切关注国际货币政策导致的实际利差变化，防止利差缺口过大引起的国际资本突变情况，以维护国内经济稳定运行。

二、汇率因素

弗鲁特（Froot，1991）和斯泰因（Stein，1991）发现，当本国货币贬值时，由于外国投资者相对财富的增加，其交易成本会显著低于国内投资者，因而使其投资竞争力相对更强，最终会引起 FDI 规模的上升。赖森（Reisen，1998）认为，20 世纪 90 年代初新兴经济体国际投机资本的相对稳定主要归因于，这些国家的固定汇率制度，抑制了汇率波动，使得投机资本针对新兴经济体的投机意愿相对较弱。而马赛洛（Marcelo，2001）和雨果（Hugo，2001）利用墨西哥的数据分析发现，国际资本流入墨西哥的规模与实际汇率变化具有高度关联性。莱斯利（Leslie，2002）、雷恩（Lane，2002）和亚历克斯（Alex，2002）基于中东欧转型经济国家的实际数据分析发现，真实汇率的变化能够引起国际资本大量流入和流出该国。王世华和何帆（2007）基于中国的实际数据进行测算与实证发现，长期来看利差缺口与人民币升值预期水平是影响中国国际资本流动的主要因素，且两者当中人民币升值预期水平的影响更加显著。张良等（2010）基于全球 90 个国家 1978 年至 2007 年的实证数据发现，一旦经常账户持续性逆差所引起的投资者贬值预期确立，必然会导致投资者的风险规避偏好，从而撤出前期投资资本，致使国际资本流出规模持续扩张。库德特（Coudert，2011）等基于全球资本流动实际数据进行分析发现，2008 年全球金融危机期间新兴经济体的汇率波幅远远高于全球货币汇率的整体波幅，而这很有可能是引起大量国际资本进入新兴经济体的主要原因。张明和肖立晟（2014）认为，不同类型国家的国际资本流动驱动因素存在差异：发展中国家的国际资本流动变化主要受本国经济增长水平的变化影响，而发达国家的国际资本流动变化主要取决于汇率因素。董有德和谢钦骅（2015）利用 GARCH 模型和面板 Probit 模型讨论了实际有效汇率波动对新兴市场国家国际资本流动的影响发现，实际有效汇率与全球流动性水平对国际资本流动会产生显著影响，且在不同阶段存在一定程度的异质性。

三、资本管制因素

资本管制的具体形式主要包括交易税和额度管理两种方式。一般来说，如果一国资本管制力度加大，在一定程度上会通过提升资本流动成本来降低资本流动的波动情况（Bacchetta & Wincoop，2000；Eun & Janakiramanan，1986）。但仍有一些学者认为，即使一国存在资本管制的情况，长期来看也无法有效抑制国际资本流动规模的变化，主要原因：一是国际资本通过贸易项下的虚假交易等方式混入该国，所形成的“热钱”对本国经济仍能带来显著影响；二是在高成本资本管制情况下，监管部门往往会忽略隐形资本流入，一旦壁垒在隐性条件下得到突破，必然会形成更加剧烈的国际资本流动波动（Montiel & Reinhart，1999；Carvalho & Garcia，2008）。马国南（2006）麦考利（McCauley，2006）基于中国的资本流动数据讨论了中国资本管制的有效性。此外，诺伊曼（Neumann，2009）等基于FDI、国际证券投资和其他投资视角研究发现，金融开放对FDI的波动影响较为显著，但对国际证券投资的影响显著性不足。刘莉亚等（2013）利用国际资本流动总量数据，讨论了资本管制对国际资本流动的影响，结果发现：资本管制不仅对国际资本流动的影响作用有限，而且会加大对国内产出的冲击波动，不利于促进国内经济稳定发展。王志强和李青川（2014）通过实证分析发现，我国通过使用存款准备金率对冲国际资本流动的效果短期显著，但长期无效。而张明（2016）则认为，我国应当通过使用托宾税等价格型工具替代数量型工具用于国际资本流动管理。李晓峰和陈雨蒙（2018）通过实证分析发现，我国资本流动管理的有效性在2013年前后呈显著逐步增强的变化。他认为，仅依靠强化资本流动管理的有效性而忽视管理过程当中强度的把握，可能在防范由于突发事件导致的国际资本流动异常情况时无法起到抑制作用。

四、其他因素

一些学者认为，人口结构变化也是国际资本流动的重要影响因素。一般来说，开放经济条件下的国际资本流动缓冲工具为经常账户（Sach，1982；Obstfeld & Rogoff，1995），而人口结构通过对储蓄与投资产生影响，进而改变经常账户（Higgins，1998）。具体来看，如果人口结构趋于老龄化，则储蓄下降幅度将会大于投资下降幅度，经常账户余额也会随之下降。而中国的老龄化水平提升、储蓄率的降低也会导致资本流出规模相对减少（简永军、周继忠，2011）。从资本市场视角来看，格里芬（Griffin，2004）等通过研究高频跨国股权资本流动情况发现，全球股票市场回报率与本国股票市场投资回报率之间的缺口直接决定了国际资本流动的方向与规模。郑璇（2014）基于全球26个新兴经济体季度数据进行面板Probit模型对国际资本流入突然中断的问题进行研究分析发现，流入驱动型突然中断发生概率与一国金融开放程度、国际利率水平、投资者恐慌情绪等因素呈正相关关系，而与国际资本流动呈负相关关系；而流出驱动型突然中断主要受政府支出规模、国际储备规模以及金融开放程度等宏观因素影响，且两者对中国而言均属于小概率高风险损失事件，需要重点关注与防范。谭小芬、张凯和耿亚莹（2018）基于33个新兴经济体的近20年季度数据谈论了全球经济政策不确定性对新兴经济体国际资本流动的影响，发现这种影响具有显著的非线性特征：当政策不确定性较低时，经济增长与经济政策不确定性是主导国际资本流动的主要因素；当政策不确定性较高时，利差是主导国际资本流动的主要因素。

第三节　国际资本流动对宏观经济影响

一、国际资本流动对经济系统的影响

泰勒（Taylor，2004）以蒙代尔－弗莱明模型为基础，分析了国际资本流动引发金融危机的过程。他认为，当一国的国际资本流入规模迅速扩大时，本币升值会促使本国净出口水平与产出水平的下降，国内信贷规模也会随之收缩，最终引发经济危机。钟永红和王雪婷（2019）研究发现，金融危机后即期汇率的变化对国际净资本流动变化存在显著影响，而汇率预期在金融危机后对国际资本流动中的FDI存在非线性影响特征，但对新增外债影响并不显著。严佳佳和曾金明（2019）通过构建四部门动态随机一般均衡模型讨论了国际资本流动对货币政策有效性的影响。结果表明，国际资本流动可能会加速中国经济系统性风险积累，从而在一定程度上削弱了货币政策工具实施效果。胡亚楠（2019）利用2000年至2018年中国国际资本流动的实际数据进行TVP－VAR建模发现，国际资本能够通过弥补企业部门的资金缺口，对产出增长带来一定的支撑。赵冉冉和沈春苗（2019）认为，国际资本流动对产业结构升级和产业集聚具有显著的促进作用，因此长期来看国际资本流入对经济增长也会起到正向作用。黄宪、杨逸和胡婷（2019）基于新兴市场国家1995年至2015年的国际资本流动数据分析发现，国际资本流动的逆转变化对经济增长的影响方向存在差异，其中外国投资者驱动的国际资本流动逆

转时可能会抑制经济增长，并伴随有 FDI 大幅增加的国际资本流入也能显著促进经济增长。金成晓、李岩松和姜旭（2020）认为，在金融危机爆发期间，发展中国家应当主要强化对国际资本流动的宏观审慎管理，同时放松对国内金融市场的宏观审慎管理，这种操作方式在一定程度上能够有效抑制经济衰退。

二、国际资本流动对金融系统的影响

詹森（Jansen，2003）利用 VAR 模型分析了泰国股票市场、房地产市场与国际资本流动之间的关系，结果发现，引起泰国股票价格与房地产价格上涨的主要因素是大量的国际资本流入。然而法维卢基斯（Favilukis，2012）等通过分析美国 2000 年至 2010 年间国际资本流动与房地产价格之间的数据联动性，认为美国房地产市场由盛转衰过程中国际资本流动在其中的影响力并不强。宋勃和高波（2007）认为，国际资本流动能够在一定程度上引起汇率的变化，而汇率变化又会进一步通过财富效应、预期效应、流动性效应与信贷效应影响国内资产价格变化，进而扰动国内金融市场稳定性。马达洛尼（Maddaloni，2013）和佩德罗（Peydro，2013）基于国际资本流动的风险分担渠道进行理论分析，发现一国长期低利率环境不仅会引起国内金融中介的信贷活动扩张，更会导致国际资本大量流入寻求高风险投资，一旦未来国际资本获利撤离，必然会引起该国的金融动荡乃至金融风险。何国华和李洁（2018）通过构建开放经济条件下的动态随机一般均衡模型进行分析发现，国际资本流入可能会通过引起金融中介道德风险的上升，从而提升风险偏好水平，进而推动金融系统总体风险水平和金融杠杆水平；而资本边际风险的增加又会导致金融中介风险偏好转为保守，迫使资产价格下降，国际资本流动，金融系统出现被动“去杠杆”的情况。因此需要对国际资本流动进行有效、合理监管，防止资本过快流入或流出对国内金融市场产生的过度扰动。在此基础上，何国华和陈晞（2020）利用系统 GMM 模型估计了全球 79 个国家 1996 年至 2017 年国际资本流动对金融稳定的影响结果发现，大规模国际资本流动通过提升金融机构的风险承担行为，并对国际资本流动产生显著的正反馈效应，加大了国内系统性金融风险的积累。赵进文和张敬思（2013）利用 VAR 模型对中国国际资本流动进行实证分析发现，人民币升值会导致国际资本存在流出倾向，而一旦出现股票价格持续下跌，短期国际资本会继续流出，形成恶性循环。吴丽华和傅广敏（2014）运用TVP－SV－VAR模型证明了汇率、国际资本流动与股票价格之间的关联性发现，三者之间在不同阶段影响效果不尽相同。具体来看，2005年后国际资本流动对人民币汇率波动的影响贡献要显著高于2005年以前；而国际资本流动对股票价格的影响贡献分水岭在2010年，之后的影响程度更高。布鲁诺（Bruno，2015）和茜恩（Shin，2015）在前人研究基础上，更加关注国际资本流动过程中对金融机构风险感知异常的变化情况，但对这一机理并未做过多深入分析。卜林等（2015）基于有向无环图（DAG）的方法对国际资本流动、人民币汇率与资产价格三者之间的联动关系进行讨论，结果发现人民币汇率、股票价格变化对国际资本流动产生了单项因果关系。此外，股票价格和国际资本流动对房地产价格也产生了单项因果关系，因此，对国际资本流动进行合理、有效监管有助于抑制中国房地产市场价格的快速上涨。王榆芳（2020）基于动态随机一般均衡方法进行分析发现，国际资本流动通过对各国消费与资产价格形成超调，对经济增长长期可能会带来负面影响。

第四节 文献评述

总结已有文献的观点与结论可以发现：首先，针对逆全球化的相关成果主要讨论了逆全球化的表现形式、逆全球化与全球化之间的关系以及逆全球化形成的原因和理论基础等。从趋势上看，逆全球化应当是全球化周期当中的一段技术性回调，长期并不会阻碍全球化的进一步推进，只不过新的全球化阶段表现形式可能会有所不同。基于全球视角分析可以发现，当现有规则无法合理协调资本与劳动之间的矛盾时，逆全球化倾向开始出现，原有规则也会在外部冲击下被修正甚至被完全打破；新的规则旨在促使资本与劳动协调适应，促进两者共同发展。从现阶段来看，中国很有可能打破以美国为主导的全球规则体系，但对中国而言其自身也存在一定的内部与外部问题亟待解决。但上述文献中大部分从理论及宏观视角对逆全球化问题进行了阐述，逆全球化对中国产生影响的宏观机制并不完善。本书以国际资本流动作为研究对象的主要原因有两个：第一，国际资本流动作为各国经济交流往来的直接联系点和关联节点，当全球经济环境发生变化时，对国内宏观经济的影响首先会通过国际资本流动反映出来；第二，相较于第二次世界大战之前的以国际贸易为主要表现形式的全球化形态，现阶段全球化的主要特征为金融全球化，即通过国际资本流动规模扩张以及国际资本流动方向频繁变化等方式体现。因此，研究国际资本流动的变化有助于更加深入地讨论逆全球化对我国经济产生怎样的影响，为下一步提出中国的应对策略、维护本国利益具有一定的理论与现实意义。

其次，国际资本流动研究方面，目前的成果主要围绕国际资本流动的形成原因、对经济和金融系统的影响机制以及国际资本流动管理三个方面进行探讨。国际资本流动成因方面，大部分理论与实证文章倾向于讨论利率、汇率、经济增长以及资本管制对国际资本流动产生的直接线性或非线性影响。这种影响结果能够在一定程度上对国际资本流动变化进行定性讨论，但在当前复杂多变的国际政治经济形势下可能会存在变异，即与传统经济学理论存在偏差。国际资本流动对经济与金融系统影响问题方面，许多文献分别从宏（微）观视角构建理论与实证模型，分析国际资本流动对经济增长、通货膨胀、货币政策以及资产价格等方面的影响，进而提出相应对策。实际上，国际资本流动对经济增长、通货膨胀以及货币政策的影响更多是间接地体现，而对资产价格的影响也实际上是通过金融系统传递来实现。部分文献也深入探讨了国际资本流动对国内金融市场的影响机制，包括资产价格、金融风险及金融机构行为等，但并没有一套完善的体系对这一问题进行阐述。特别是在逆全球化背景下国际资本流动如何变化？变化原因是什么？会产生什么样的影响？这些问题仍然亟待我们去解决。基于全球视野讨论国际资本流动的变化特征、影响因素和未来趋势以及对中国宏观经济的影响研究刚刚开始，我们与国外学术界站在同一起跑线上，而尽快开展这方面的深入研究是时代赋予我们的重任。

第三章

逆全球化视角下国际资本流动的演变特征及动力分析

第一节　逆全球化的形成背景与表现特征

一、逆全球化的内涵、背景与发展

全球化是以经济全球化为核心，通过国际资本流动、贸易融通、技术传播转移而使全球范围内各经济体实现跨区域、跨国界的要素流动。在全球化过程中，各经济体之间依赖性逐渐增强，人才和人口实现空前的跨国流动，文化的频繁交流和思想的碰撞融合使社会协调性不断加强。全球化的本质是一种最合理的社会分工，从而带来极致的生产效率和达到最大的经济利润规模。在全球化过程中可以提升人类总财富，把世界“蛋糕”做大，然后参与者从中获利，分取不同比例的“蛋糕”。相较全球化而言，逆全球化是一个与其完全对立的概念，代表一些与全球化进程背道而驰的行为，与支持资本流动、信息与技术交流从而打造国际市场互联互通的举措截然相反。逆全球化不仅体现在经济层面上，同样在政治、文化、宗教等方面凸显。但是随着全球化进程加速，最初全球化推动者的相对优势减弱、相对利润受损，从而全球化不仅不会得到进一步扩大的许可，而且那些利益受损越严重的国家，反对全球化的情绪越高涨、态度和立场越坚决。

全球化的概念最初是在历史学领域、在用于讨论全球性互联时提出的，随后经济史学家也开始使用进而被广泛传播，成为描述20世纪末全球资源开始整合、世界市场逐步形成的新术语。在随后的近 20 年中，不仅实现了区域性和国际性的经济整合，还实现了民族文化、宗教信仰、生活方式等意识观念的跨国交流与融合。世界联系愈发紧密，资本流动规模、贸易自由化程度空前鼎盛，全球一体化进程加速前进。直到 2008 年美国次贷危机波及全球金融市场，世界经济进入低迷和停滞期，西方发达国家国内失业率上升，社会矛盾和阶级矛盾日渐凸显，全球化的价值观因此而受到极大挑战。此时，以美国为首的西方资本主义国家为弥补遭受的利益损失，不惜世界经济增长放缓，也要扭转不利局面、维护其霸主地位，由此引发的“逆全球化”思潮以一种势不可挡的态势登上历史舞台，贸易保护主义、民粹主义、单边主义等逆全球化表现形式在世界各处涌动，成为阻碍经济全球化健康可持续发展的重要因素。

2008 年全球性金融危机使西方发达国家面临失业、经济结构失衡、公共政策失灵等一系列社会问题，民众和政府对现状的不满催生出逆全球化思潮，并随着国内外各种复杂、尖锐的政治和经济问题无法克服，逆全球化趋势愈演愈烈。2015 年中东和北非地区持续战乱，数百万名难民涌入欧洲，暴发了自第二次世界大战以来最严重的一场难民危机，使欧洲社会不堪重负，不仅影响欧洲经济复苏，还使欧盟财政暴露危机。2016 年英国成功举行全民脱欧公投，2020 年正式脱欧。英国脱欧的成功被视为逆全球化的标志性事件，同时意味着像欧盟这样的区域一体化格局开始动摇。2017 年特朗普大选成功后，推出坚持“美国优先”的原则，高举“公平贸易”大旗，先是要求重启贸易谈判，签署退出跨太平洋伙伴关系协定（TPP）；随后，特朗普政府又站在全球协同治理的对立面，宣布退出《巴黎气候协定》，引起国际社会强烈谴责。2018 年，特朗普政府因美国对中国贸易存在长期逆差，不顾中方劝阻执意发动贸易战，中美贸易摩擦正式拉开序幕。2019 年，英、美、法同时缺席达沃斯年度论坛，中美贸易摩擦进一步升级，同时也体现出西方发达国家对全球化的掣肘。2020 年全球经济在新冠肺炎疫情冲击下面临重创，逆全球化趋势更显凸显，表现形式多样并向全球蔓延。

二、逆全球化形成的原因分析

逆全球化是西方发达国家为减缓全球化速度，为他们仍能掌握下一轮全球化主导权、制定有利于自身利益的全球化规则争取时间，于是他们实行集中对发展中国家的打压政策。我们主要把逆全球化的原因归为以下几个方面：

（一）利益分配失衡

1. 国家间利益分配失衡。

在过去几十年的经济全球化进程中，贸易自由化程度加深可能会导致全球性利益分配失衡，资本主义国家和发展中国家间的经济利益冲突成为逆全球化的主要经济原因。资本主义国家作为本轮全球化的推动者，不仅在经济和科学技术方面占有绝对优势，还在国家贸易等规则的制定中享有主导权，促使其产业经济全球扩张。在全球化过程中，资本主义国家凭借先发优势，将部分制造业不断向发展中国家转移，导致本土产业“空心化”严重，带来巨大经济利润的同时也加深了对发展中国家的依赖，贸易逆差态势无法缓解。与此同时，发展中国家抓住全球化的机遇，利用其他国家的先进技术和发展经验，再结合自身密集型劳动力优势，国内经济得到迅猛发展，并在国际经济秩序和政策制定中拿到话语权，逐渐成为世界经济中不可忽视的一环。2008 年国际经济危机后，各国经济持续低迷，对以美国和欧盟为首的西方发达国家打击尤为强烈。由于他们在实体经济方面，制造业外流导致国内失业率飙升；虚拟经济方面，金融和房地产行业泡沫破裂，这些都使他们经济波动更加剧烈、复苏更加困难。发达国家深刻感受到来自发展中国家的威胁，以及两者间利益冲突愈发难以调和，因此，逆全球化是发达国家遏制发展中国家继续崛起，以及为自身经济争取复苏时间的手段。

2. 国内利益分配失衡。

发达国家内部各阶层利益分配失衡导致贫富差距过大、阶级矛盾激化，是逆全球化现象暴发的另一个主要原因。一方面，在全球化进程中，金融业在信息技术推动中高速发展，发达国家内的精英阶层和资本拥有者利用全球市场互联互通和跨国公司的便利条件，通过资产合理配置，使社会上的大部分财富向这些少数的精英阶层靠拢。而发达国家内中低层收入群体却处于经济全球化的边缘，他们认为这是精英的剥削，因此，社会上底层人民的反抗使民粹主义思潮盛行，反全球化力量加重。另一方面，发达国家通过制造业转移，享受了发展中国家的低成本劳动力，但国内出现工人阶级高失业率问题。同时，在第三次工业革命的推动下，社会进入信息技术时代，全球生产结构向高新技术方向发展。发达国家内的工人阶级不但没得到全球化带来的红利，反而遭受就业空间压缩的打击，引起公众极度不满。在双重压力下马太效应持续积聚，国内资产阶级和工人阶级之间的贫富差距不断拉大，矛盾日益激烈。

（二）全球化的政策缺陷和发达国家治理政策失效

在全球化进程中，资本主义社会内部贫富分化严重、各国自由贸易公平失衡等，这些都反映出全球化的内在问题，归因于全球化本身就存在制度缺陷。经济全球化是一种资源配置方式，若国际金融资本不加限制地自由流动，将对参与全球化的部分国家的国民财富产生冲击，那些过度依赖国际贷款、抗风险能力差的国家在全球化的制度中更加落后和贫穷，可能引发国际上严重的政治、社会问题。好的全球化不是最大限度的全球化，而是平衡好政府与市场之间关系的充满智慧的全球化。只有将全球化产生的能量为自己所用时，才是全球化的正向反馈；反之，可能会湮没在全球化的浪潮中。

逆全球化的根源还表现在部分国家面临治理危机和政策失效的困境。西方资本主义国家作为当初全球化的发起者，在自身经济下滑已无力掌握全球化进程的同时，国家内部还出现不同程度的治理危机。在面对危机时，资本主义国家的治理能力不足、公共政策失灵和政府制度难以有效维护社会公平正义，都致使国家经济结构出现失衡危机，精英阶层和普通民众间分歧愈发严重，反对经济全球化的队伍日益壮大。

（三）移民危机

在全球化推动下，各国间人口流动愈发频繁，发达国家因其优厚的福利和开放的社会文化吸引了世界范围内的移民者。他们给发达国家带来人才和劳动力的同时，也带来了巨大挑战。首先，移民者大多来自邻国且受教育程度相对较低，他们凭借廉价的劳动力迅速抢占劳工市场，造成本土工人群体收入被迫下降甚至失业。其次，大量移民不可避免地会增加政府公共财政支出，而在本土居民福利相对削弱的同时，还增加了税收负担，这使民众的被遗弃感和排外情绪增强。再次，新移民者无法真正在生活方式、宗教文化和价值观等方面融入主流社会。由于移民者与本地人存在较大差异，可能会暴发大规模社会冲突、党派纷争日趋激烈等问题，造成一系列社会治安隐患，扰乱本国的社会秩序。最后，在全球化时代下，通过人口频繁跨国流动和互联网信息技术的发展，为涌入本国境内的大批移民提供便利条件，其中不乏存在犯罪分子、极端恐怖分子等，对人民群众安全造成极大威胁。因此，移民危机和恐怖主义的扩散助推了欧美发达经济体对全球化心生质疑和反感，这些国家对逆全球化态度和立场愈发明确且坚决。

三、逆全球化的表现和特征

（一）逆全球化的表现

1. 贸易保护主义。

贸易保护主义是当前“逆全球化”的典型表现之一，它是西方发达国家根据本国经济形势面临下行危机时做出的政策选择，主要是运用国家权力，通过外汇管制、关税壁垒以及进口商品限制等措施，以有效应对经济全球化给国内市场带来的竞争压力。本轮逆全球化背景下的贸易保护主义不是单纯体现在传统层面的对货物进口的抵制，而是随着国际局势的变化在形式上呈现出多样性和复杂性的特点。

在国际贸易规则下，各国积极推动贸易自由化进程，倡导平等互利原则，共同促进世界经济平衡可持续发展，在此基础下传统的贸易保护措施必将受到强烈谴责。因此，新贸易保护主义成为发达国家保护本国经济的新选项，主要包括技术壁垒、绿色壁垒、知识产权保护、反倾销和反补贴等非关税壁垒措施。技术壁垒是发达资本主义国家凭借自身技术优势，建立技术标准，通过提高商品进口准入门槛，以达到限制其他国家商品出口、保护本国商品市场和消费者利益的目的。在信息技术时代下，拥有关键、新兴技术和知识产权是一国的核心竞争力，所以构筑高科技领域防护围墙和限制人才交流等措施也成为贸易保护的重要发展态势。随着各国人民生活水平逐步提高，食品安全以及全球环境污染问题引起人们高度重视。绿色壁垒就是在国际贸易中，进口国通过引入对自然环境、生态建设和人体健康等方面的保护政策，对外来商品进行的一系列约束行为。但是更多时候绿色壁垒是发达资本主义国家打着保护生态环境的幌子，实质上是限制发展中国家产业以保护本土产业的措施。一些发达国家在金融危机的背景下，为保护本国经济健康发展而频频使用反倾销措施和反补贴措施，主要针对以倾销形式或在政府补贴政策下低价进入一国市场的进口商品，可以缓解国内商品滞销问题，避免对国内相似产品造成冲击。

2008 年国际金融危机后，欧美等发达资本主义国家经济严重受挫，与此同时国内阶级矛盾日益激化，无疑使经济复苏雪上加霜。为恢复本国经济、维护国际地位，各国相继采取一系列贸易保护措施。全球贸易预警数据库统计显示，在 2016 年至 2020 年特朗普执政期间，实施的国际贸易保护和投资限制措施数量明显增多，更在 2018 年实施多达 325 条贸易保护措施，其中包括征加关税、高筑技术壁垒、开启对华贸易摩擦等，这些措施达到历年顶峰并占据当年全球 40% 的份额。2017 年，特朗普政府基于“美国优先”的发展目标挑战多边合作机制，认为美国在多国贸易协议中承担的责任过多，并与本国利益有极大的冲突和矛盾，因此退出由其主导的《跨太平洋伙伴关系协定》，之后特朗普在多场合发表反多边贸易协定言论。随后，特朗普又以美国与加拿大、墨西哥之间存在长期贸易逆差为由，多次威胁退出《北美自由贸易协定》，多次重谈后最终签订《美墨加贸易协定》。特朗普政府和拜登政府都提出将流向海外的制造业回流本土的计划，通过完备国内基础设施和公共硬件配置创造回流条件，促使美国重振工业经济、创造就业机会、巩固美国霸权根基。在面对中国借助全球化走向世界经济舞台的威胁时，美国想改善多年来对中贸易逆差，2018 年利用“301”事件挑起对华贸易摩擦，除了加征关税、限制进口配额等一系列常规措施外，更是对中国航空、半导体等高科技领域实施制裁。

2. 民粹主义。

当前发达资本主义国家不仅面临外部金融危机冲击，国家内部还存在无法调和的社会矛盾，在这双重压力和社会转型的关键时期，新一轮民粹主义悄然抬头。民粹主义是社会中下层流行的政治思想，核心是强调人民至上，一切政治活动和政治制度要代表普通群众的思想和利益。同时反对精英主义，对社会贫富分化和公平缺失存在强烈不满，以追求平等的理想社会以及人民大众对政治的广泛参与。此轮逆全球化思潮下的民粹主义是西方国家民众抵触全球化呼声的集中爆发，是全球化停滞甚至倒退的历史转折点。全球化带来经济繁荣和社会进步的同时，也催生出分配不平等、市场失调、贫富差距扩大等问题，招致中低层收入群体对精英主义的不满，由此引发出国内治理失当，民粹主义浪潮由此产生，并对一国政策趋向极端化和增加国际冲突发生概率有很大负面影响。虽然民粹主义表达社会的不满情绪代表特定群体的利益，但内在却没有清晰化的逻辑和意识形态诉求，因此，常常在政治事件中表现出自相矛盾，缺乏带有主旨精神的内在核心。

2016 年卡梅伦大选成功后举行英国脱欧公投，到 2020 年初英国正式脱离欧盟，这一民粹主义影响下的“黑天鹅”事件，成为逆全球化的标志性政治事件，也是英美反对区域一体化的极端政治事件。英国脱欧本应是一项复杂的政治问题，英国政府却用极具民粹主义色彩的公民投票方式简单、直接解决，无不意味着英国政治、经济、文化的相对衰弱，使国内萌生出借助民粹主义改变局势的强烈渴望。同时，英国执意脱欧的成功，也大大增加了欧美等资本主义国家民粹主义和极右势力抬头的可能性。特朗普运用民粹主义风格的竞选策略成功上台并高举“本土主义”旗帜，任职期间将民粹主义融入美国的主流政治中，并使国内政治的影响蔓延至国际层面。在国际舞台上，极右翼民粹主义政党在德、法、意等国的政坛上极为活跃，向主流政党施压，影响公众舆论和政治议程，这些事件无不证明民粹主义政党近年支持率激增并持续的迹象。欧洲各国民粹主义的兴起与美国在国际上形成遥相呼应之势，使世界范围内的民粹主义达到前所未有之局势，并表现出周期性和持续性相结合的状态。

3. 单边主义。

在全球化大背景下，各国之间相互团结、合作共赢，以多边合作方式共同参与经济全球化进程，最终实现构建人类命运共同体的目标。而单边主义是与多边主义相对而言的，是把强调自身利益优先贯穿到一国的外交思想和行为模式中，是西方发达国家寻求自我保护，采取减少贸易和文化交流、拒绝与他国协商合作的霸权主义行为。以美国为首的西方发达国家在全球化进程中遭遇国际贸易赤字严重、国内阶级矛盾尖锐等挑战，以及受到来自发展中国家经济和国际地位崛起的威胁。因此，他们为转嫁社会矛盾、摆脱现实困境，重新拾起零和博弈思维，实施单边霸权主义和强权政治，主动挑起贸易争端，退出国际性合作组织，挑战国际行为准则和制度，给区域性和全球性经济发展、社会进步带来破坏性影响。

2016 年特朗普当选美国总统后，将大国博弈和大国竞争作为接下来对国际政治的基本战略判断，由此实施了一系列体现单边主义的行为。首先，在经贸领域，特朗普政府消极对待多边合作，一方面频繁挑战国际贸易组织提倡的多边贸易规则；另一方面主张采取双边协定，即舍弃多边机制，直接与当事国进行双边谈判。与此同时，为减少美国贸易逆差、重振国内制造业，推崇贸易保护主义，建立有利于美国经济与贸易的新规则，在国际贸易领域奉行经济单边主义。设置关税壁垒和贸易壁垒，单方面挑起对华贸易摩擦，对中国进行严厉的经济制裁和贸易打压。特朗普政府单方面要求重启《北美自由贸易协定》，严重违反国际贸易组织的多边与非歧视原则。其次，在国际制度领域方面，美国过分强调自身利益至上，枉顾大国责任，拒绝承担过多的国际义务。特朗普上台后不顾其他国家和盟友的利益、想法，一意孤行采取带有霸权主义色彩的单边主义行为，先后退出《跨太平洋伙伴关系协定》（TPP）、《巴黎气候协定》、《全球移民协定》等国际组织，与全球化倡导的相互合作、共同治理的理念背向而行。最后，在全球热点议题的军事领域上，美国大幅增加军费开支、国防预算激增。2018 年特朗普政府宣布退出冷战时期签署的《中程核力量条约》。美国在伊核问题处理上，对伊朗极限施压、重启各种严厉制裁、煽动其内部动乱，并多次宣称退出《伊核协议》。单边主义的兴起不仅破坏了全球化时代下各经济体之间的桥梁和纽带，更使国际政治局势变得复杂，逆全球化暗流愈发汹涌。

（二）逆全球化的特征

当前世界正向多极化趋势发展，原来的超级强国有衰弱迹象，新的强国正在快速崛起，本轮逆全球化开启后可能会持续较长时间，但历史潮流告诉我们全球化仍是大势所趋。逆全球化一般发生在发达资本主义国家经济增长停滞甚至倒退阶段，社会矛盾凸显无法调和，便开始质疑和抵制全球化进程。从 2008 年世界性金融危机，到 2012 年欧洲债务危机，再到 2020 年新冠肺炎疫情，世界经济疲软停滞，国际贸易和国际资本流动持续性萎缩，并且在短时间内很难被逆转。本轮逆全球化已经在各个领域发生，主要表现在供应链断供、贸易保护和经济制裁、高新技术封锁、禁止人员往来、限制技术转移交流、经济体之间“脱钩”等方面，但随之而来的反制力量也会加强，世界各国结伴而行是历史演进的必然结果。全球化是一把“双刃剑”，在创造更多经济财富的同时，总会有“赢家”和“输家”，当两者利益极度失衡时，逆全球化情绪出现便不足为奇。这不是全球化概念的错误，而是在推行过程中出现了没能制定更优的贸易规则，没能掌握政府、市场与社会三者间微妙的平衡关系等因素。各国需要一些时间来思考、应对并解决困扰全球化的问题，需要有国际责任的强国提出新的国际治理体系来调整全球化方向，并且世界也需要新的技术突破和工业革命来加速全球化，但是全球化的动力总是大于阻力的。因此，相当长的时间内逆全球化力量不会消除，世界各国必须理性认识、共同面对逆全球化的挑战。

四、逆全球化的影响

（一）对世界的影响

首先，逆全球化会引发全球经济衰退，国际经济贸易秩序混乱。逆全球化会限制商品、资本、生产要素在全球范围内的流动性，阻碍多边贸易合作，对世界经济增长与运行造成威胁。发达资本主义国家渴望借助逆全球化打压发展中国家以求暂时性获益，贸易保护主义的实施、反移民运动和制造业回流的开展，都能在一定程度上缓解国内和国际压力，但是所形成的贸易保护壁垒和排他性区域集团，会加剧各国间贸易摩擦与冲突，全球经济环境面临巨大挑战。其次，逆全球化会扰乱全球公平竞争的市场秩序，影响全球供应链正常运行和资源分配不均衡。部分发达国家为应对经济低迷状况，加大政府对市场的干预力度，其闭关自守的贸易保护策略不仅暴露出危机下独善其身的大国态度，还在国家间筑起“高墙”，极大影响全球资源配置效率。同时，美国、欧盟相继出台产业回流政策，拜登政府公布半导体等核心技术的供应计划，新冠肺炎疫情引发全球需求端和供给端收缩，这些都造成全球产业链受阻，打破经济活动正常运转机制。最后，逆全球化冲击国际治理体系，加深国际政治分裂。逆全球化思潮影响下，英国脱欧成功引发的一系列政治和社会危机，加剧欧盟内部政治极化现象，民粹主义思想在欧洲各国政权中抬头。

（二）对中国的主要影响

1. 消极影响。

逆全球化首当其冲会抑制中国经济、贸易的长远发展。在全球化自由开放的贸易环境下，中国出口优势明显，与多国形成贸易顺差。但在逆全球化的影响下，全球有效需求不足，出现对外贸易订单锐减、产能过剩等问题，使跨国公司持续经济低增长状态，蒙受巨大损失甚至处于破产边缘。近些年来以美国为首的西方发达国家，多次针对中国实行贸易、航运等封锁政策。2018 年美国因不满长期承受贸易逆差，单方面挑起对华贸易争端，多次对中国进口商品加征关税，实施贸易保护政策，恶意限制中国出口规模。在全球化背景下，中国已处于全球供应链核心位置，拥有全产业链体系，但近期美国和欧盟相继开展对制造业和核心技术产品供应链的回流计划，有意扶持本土企业同时缓解国内高失业率，但这一计划严重削弱了中国在全球产业链中的地位，中国的加工制造型企业遭受猛烈冲击。同时，在新冠肺炎疫情的袭击下，世界各国被迫停工停产，这也让他们意识到拥有完整产业链的重要性，开始萌生出价值链重构中的“去中国化”思想。

2. 积极影响。

逆全球化从经济层面过渡到社会层面，最后蔓延至政治层面，它的出现需要引起各国对全球治理机制与国际贸易规则等方面是否完善的思考，同时也暴露出西方大国现有治理能力下降和治理模式落后的弊端。

中国无论是作为最大的发展中国家还是全球化进程中最大的受益方，都应该展现出大国责任感，抓住中国在国际舞台上发挥大国作用的历史机遇，化被动为主动，带领世界各国沿着新型全球化轨迹勇敢前行。从大国担当和责任感方面来说，中国一直奉行走和平发展、合作共赢的道路，坚决反对霸权主义和强权政治，是世界和平的建设者和国际秩序的维护者。面对此起彼伏的逆全球化举措，中国在各种峰会和论坛上，主动承担大国责任，为构建人类命运共同体，制定公平合理的国际规则；为打造互利共赢的区域发展格局，坚持推动“一带一路”高质量建设；为构建国际政治经济新格局贡献中国智慧。只有全球经济加速运转，世界总财富的“蛋糕”才能越做越大，在全世界人民福祉增加的基础上，中国作为世界的一部分，自然也能从中享受到更大的红利。逆全球化对中国而言既是挑战也是机遇，拿出“中国态度”理性面对全球化机制存在的问题，提出“中国方案”参与到新一轮全球化规则制定中，帮助中国拿到全球治理领域的话语权，在世界政治经济格局的百年大变局中逆流而上成为新的强国。

第二节　逆全球化背景下国际资本流动的演变

后危机时代，国际资本流动的特征变化显著。2008 年国际金融危机以前，全球国际资本流动无论是幅度还是频率都相对较缓，其变化原因以各国宏观经济环境为主；而危机后，由于全球主要经济体政策不确定性的逐步加深、各国之间的政治经济关系更加密切与复杂，国际资本流动的变化也变得更加频繁，其更多地受到各国经济周期、金融市场变化以及国际政治关系的影响。

一、全球国际资本流动总规模的变化特征及趋势分析

首先，对全球国际资本流动总规模总体特征进行分析。图 3－1 展示了 2005 年至 2020 年全球资本流动总规模及结构的变化情况。截至 2020 年末，全球资本流动总规模共计 10.4 万亿美元，较上一年上涨 65.7%，增速较上一年上升 41.6 个百分点。对过去 16 年的全球资本流动总规模的变化进行研究，可发现其变化呈现出一定的周期性和趋势性，变化特征与当时所处的全球经济大背景紧密相关。2008 年发生的次贷危机，2010 年发生的欧洲主权债

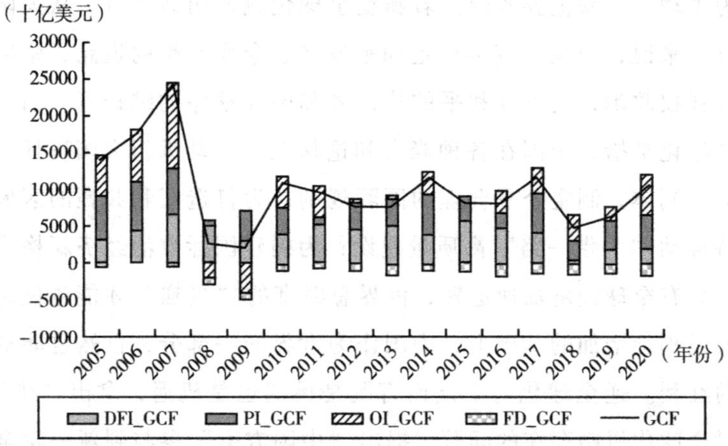

图 3－1　2005—2020 年全球资本流动总规模及内在结构的变化情况

资料来源：IMF。

务危机以及以美国为首的全球汇率争端再度升级，2014 年的国际原油价格暴跌、乌克兰危机引发的美欧俄争斗、埃博拉病毒重创非洲经济、马航空难事件，2017 年英国脱欧以及美国特朗普“金融新政”实施，2020 年新冠疫情暴发等重大风险事件均为全球资本流动变动的转折点，暴发前夕的流动规模呈上升趋势，暴发后全球资本流动规模显著收缩。其中，2007—2009 年资本流动规模的变化亘古未有，具体来看，危机发生前的流动性泛滥和房地产泡沫推升资本流动规模至前所未有的 240 万亿美元的高度，危机发生后的资本流动规模迅速萎缩超 80% 以上，对世界各国经济发展产生了深远且严重的影响。此后，世界各国在较长时间内一直处于缓慢的经济复苏阶段，叠加各类风险事件频发，导致全球资本流动总规模虽有所回升但一直仅为 2007 年最高水平 12.4 万亿美元的一半左右。

其次，根据图 3－1 和图 3－2 进一步对全球资本流动的结构及其变化进行探究。可以发现，直接投资、证券投资以及其他投资在总流动中占据相当大的比重，金融衍生产品和雇员认股权占比较低。在 2005 年至 2020 年这 16 年间，除直接投资外的其余三项的资本流动在总流动中占比一直较为稳定，直接投资的资本流动占比则呈现下降趋势，在 2018 年低至罕见的 8.5%（如图 3－1 所示）。产生上述现象的原因：一是美国税制改革的实行导致美国跨国公司将海外子公司留存利润的大量回流；二是中美贸易摩擦频发拉升不确定性以及美欧发达国家极度推崇投资保护主义等也导致全球直接投资连年显著下降。

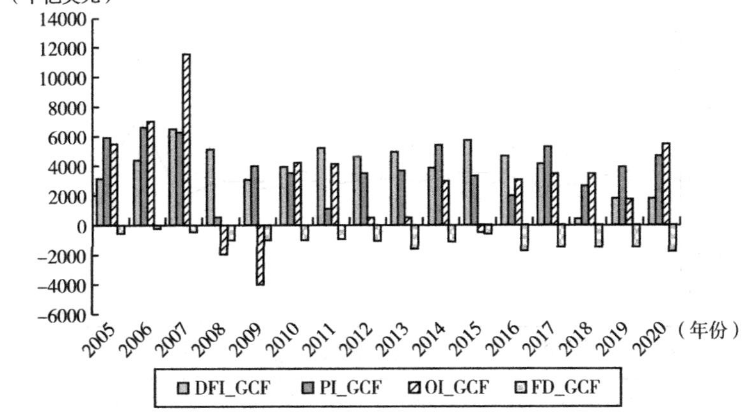

图 3－2　2005—2020 年各类投资的资本总流动的变化情况

资料来源：IMF。

从长期来看，直接投资和证券投资的资本流动总规模呈下降趋势，其他投资的资本流动总规模自2009年之后一直呈现出在一定范围内上下波动的态势，金融衍生产品和雇员认股权的资本流动总规模变动水平则相对较为稳定。

最后，从波动性角度进行进一步分析。图3－3和图3－4为2006年至2020年全球资本流动总体及子项目规模的变动率。通过对上述两图的对比分析发现：一是总资本流动及其他投资的资本流动的增速在近两年有提高的趋势，但是其余几项增速则出现下降；二是从整体来看，不论是总体规模还是各类子项目规模的波动性均在重大风险事件发生的时点上有所提升，其中证券

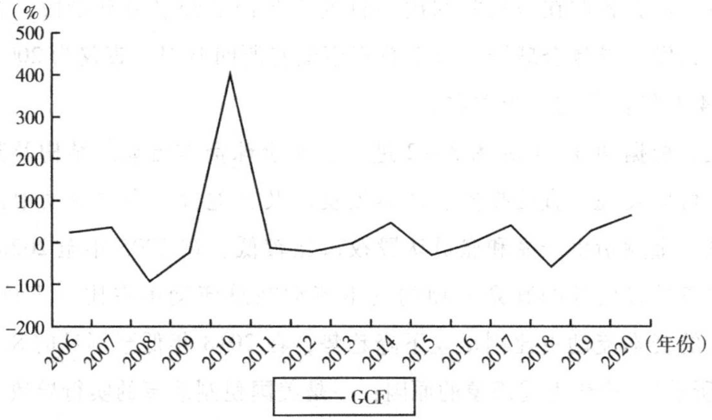

图3－3　2006—2020年全球资本流动总规模的变动率

资料来源：IMF。

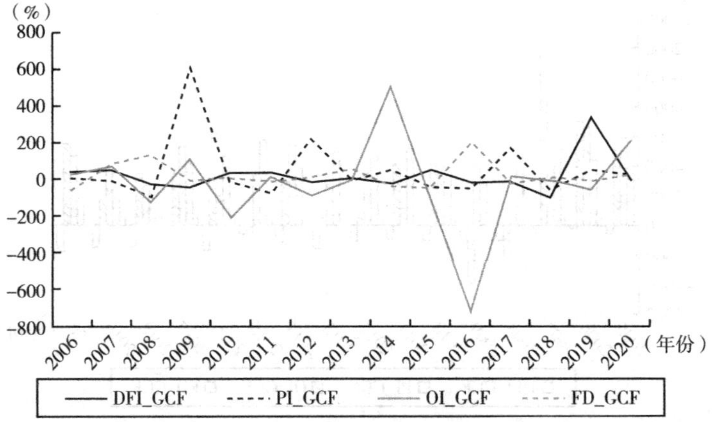

图3－4　2006—2020年子项目资本流动规模的变动率

资料来源：IMF。

投资和其他投资的资本流动规模一般波动得较为频繁且波动幅度较大，对全球流动性产生的影响较大，表现为全球资本流动总规模与证券投资和其他投资的波动趋势一致性高，说明全球资本流动的短期性特征明显。

二、全球资本总流入、总流出、净流出变化趋势及现状分析

将全球资本流动各项目按流动方向进行解构，并计算净流动，并通过图表实现对全球资本总流入、总流出及净流出的刻画和分析。首先通过对图3－5至图3－8的对比分析可以发现，任何一类投资的总流出和总流入的变动趋势都是较为相同的，且发现全球资本净流动与证券投资以及其他投资的变动特征和趋势的相似程度更高。具体地，从图3－5可以发现，全球资本总体呈现总流出大于或远大于总流入的态势，仅在2014年至2016年小于总流入，即净流动大于0；图3－6显示直接投资仅在2007年至2008年呈资本净流入的局面，其余时期均为资本净流出，且净流出规模呈现随时间推移而逐渐增大的趋势，总流出与总流入之间的差异愈发扩大；图3－7显示证券投资在2014年以前均为总流入大于总流出，2014年之后则主要为总流出大于总流入，资本净流入的态势越来越明显；另外，图3－8表明其他投资在2010年至2016年表现为资本净流出状态，其余时期为资本净流入状态，整体来看呈现净流出的态势。通过对比分析，可以发现不同形式的资本流动在不同重大风险事

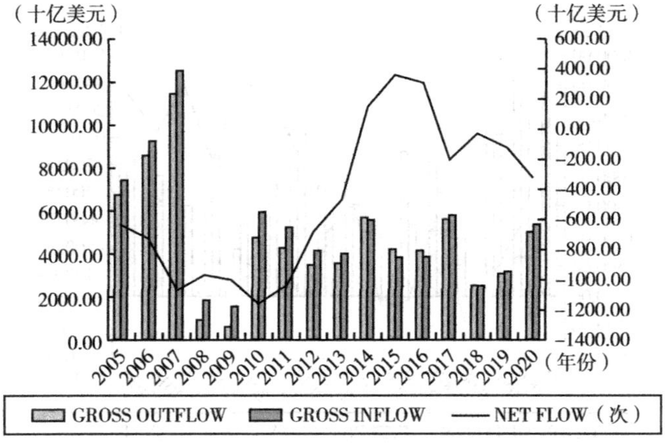

图3－5　2005—2020年全球资本总流出、总流入及净流动（次坐标轴）变动情况

资料来源：IMF。

件发生的情况下的变动具有异质性。如 2008 年金融危机的发生，对各类投资的资本流动均产生抑制作用，但具体作用程度不尽相同，其中，直接投资受影响程度相对较小，同时其净流出规模反而在 2008 年实现了上升，相反证券投资和其他投资的资本流动相比之下受到较大程度的影响，甚至出现了较明显的资金回撤的现象，证券投资的净流动态势在影响之下从 2007 年的净流出转变为 2008 年的净流入，其他投资的净流动态势则实现了从净流入到净流出的反转。

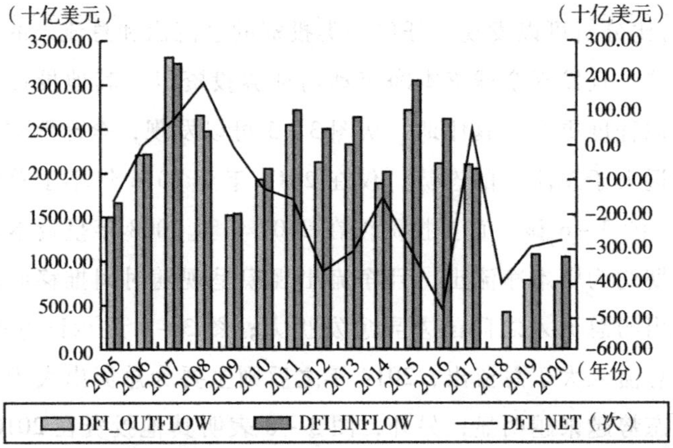

图 3－6　2005—2020 年直接投资总流出、总流入及净流动（次坐标轴）变动情况

资料来源：IMF。

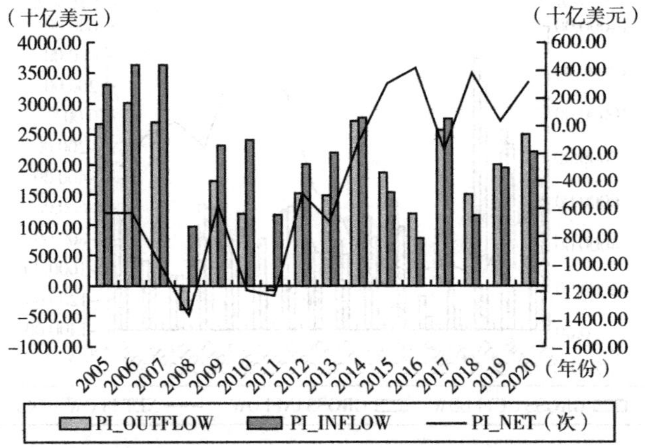

图 3－7　2005—2020 年证券投资总流出、总流入及净流动（次坐标轴）变动情况

资料来源：IMF。

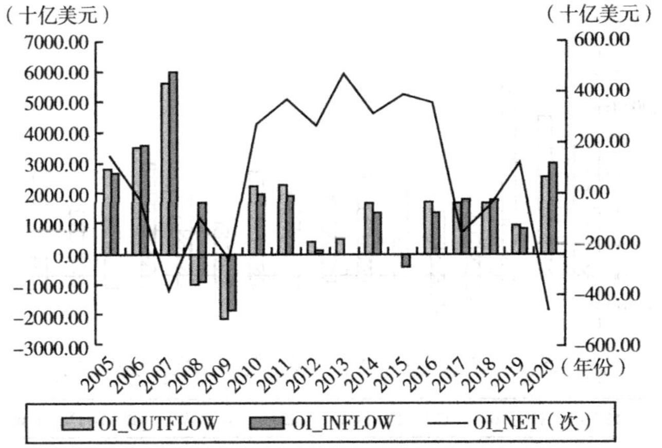

图 3－8 2005—2020 年其他投资总流出、总流入及净流动（次坐标轴）变动情况

资料来源：IMF。

图 3－9 和图 3－10 表明，直接投资、证券投资以及其他投资无论是在总流入还是在总流出中均呈现“三分天下”的局面，2018 年之后直接投资的资本总流出和总流入占比较之前出现下降，相反图 3－11 却表明证券投资的资本净流出在总体净流出中占据难以忽视的重要地位，其次为其他投资的资本净流出。

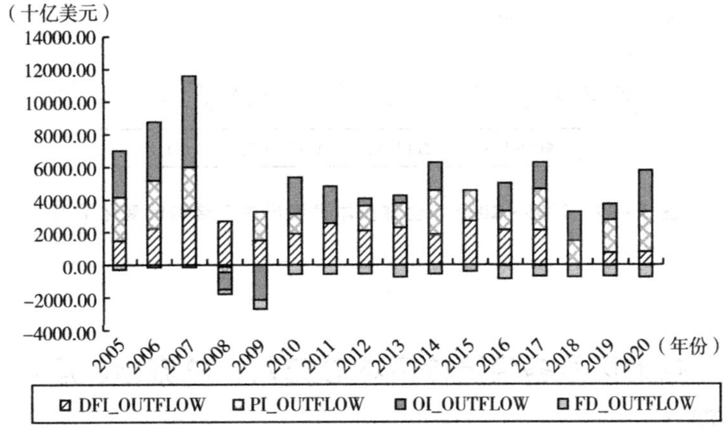

图 3－9 2005—2020 年全球资本总流出内部结构的变化情况

资料来源：IMF。

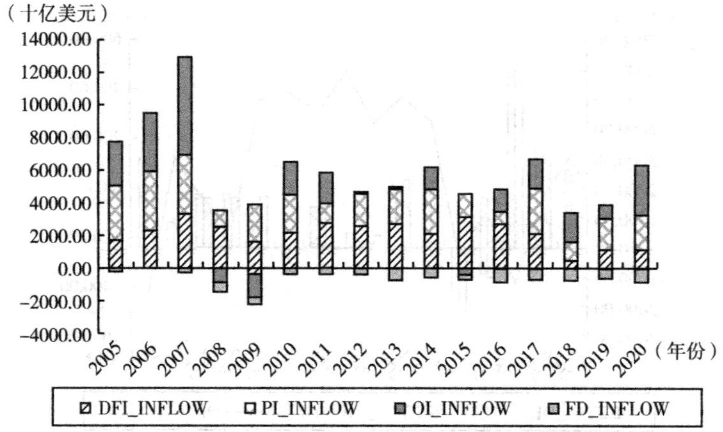

图 3-10　2005—2020 年全球资本总流入内部结构的变化情况

资料来源：IMF。

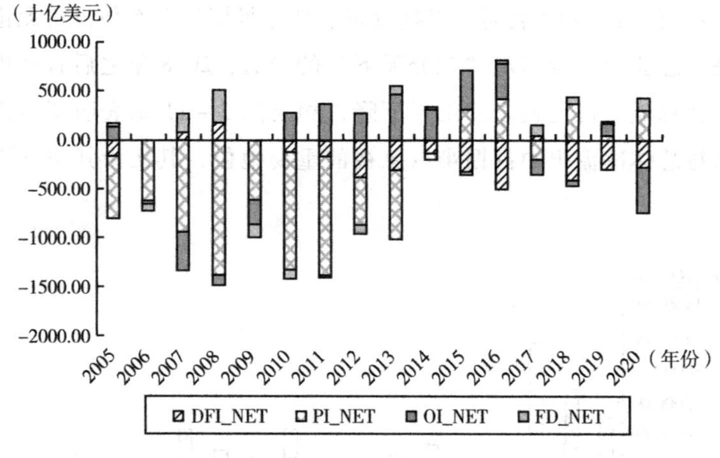

图 3-11　2005—2020 年全球资本净流出内部结构的变化情况

资料来源：IMF。

三、各地区及各经济体资本总流入、总流出、净流动变化趋势及现状

从地区角度来对资本流动及其内部结构进行解析。可以发现，发达经济体和新兴经济体资本流动情况呈现明显的异质性。对于发达经济体来说，不

论是流动总规模还是各子项的资本流动规模都十分庞大，为全球资本的总流出和总流入贡献了远超半数的力量，说明全球各类投资的资本流动主要还是以发达经济体为主导的。具体来看（图 3－12 至图 3－15），直接投资方面，整体表现为资本总流出大于总流入，仅有 2016 年表现为资本净流入；证券投资方面，2013 年之前表现为资本净流入，2013 年之后主要表现为资本净流出；其他投资方面，总体表现为总流入大于总流出。

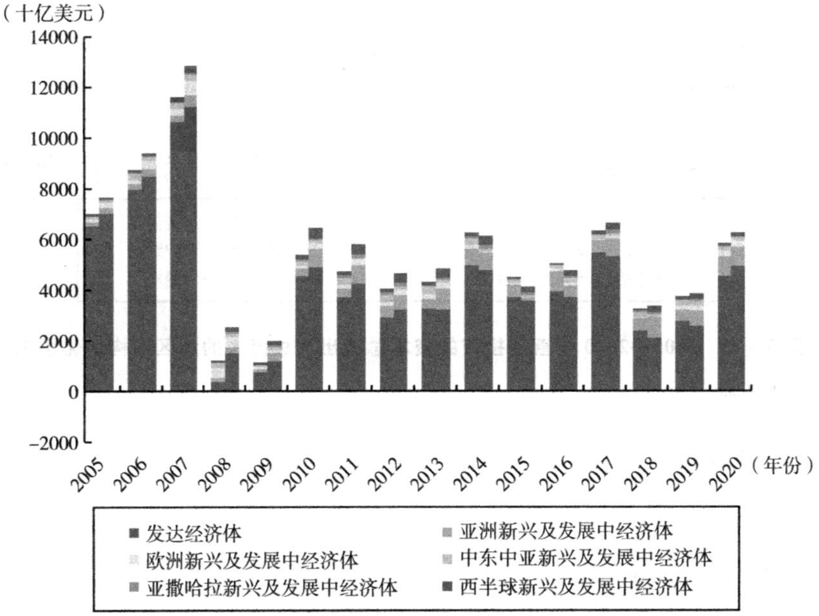

图 3－12　2005—2020 年国际资本总流出和总流入的地区结构变化情况①

资料来源：IMF。

相反，对于新兴经济体来说，各类投资的资本流动规模占比有逐年升高的趋势，且资本流动一般表现为总流入规模大于总流出规模。具体到各类投资上，直接投资方面，总流出和总流入规模均有所提升，整体表现为资本总流入大于总流出，且自 2018 开始，新兴经济体的资本总流出和总流入逐渐与发达经济体形成了“平分天下”的局面；证券投资方面，主要表现为资本净流入大于资本净流出；其他投资方面，总体表现为总流出大于总流入。

① 每一年份上左列为资本总流出，右列为资本总流入，下同。

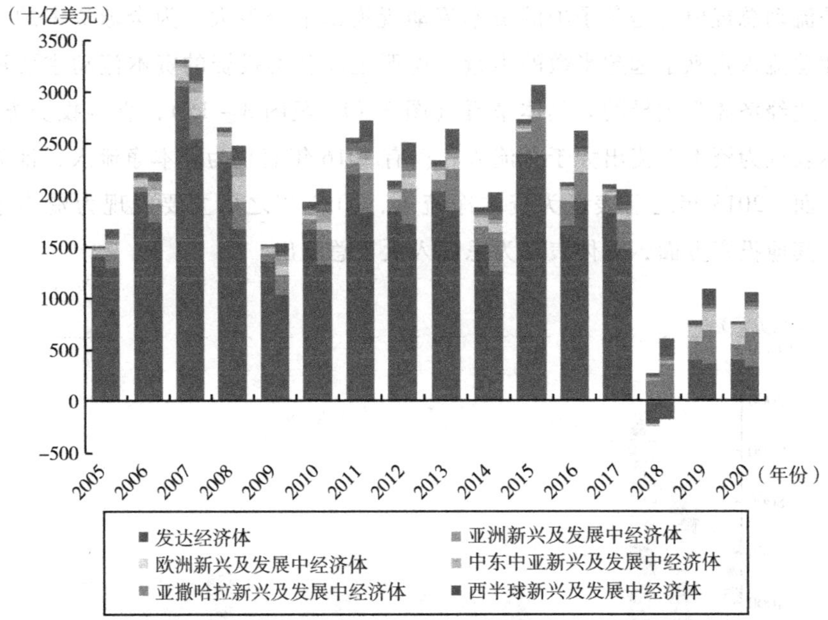

图 3－13　2005—2020 年直接投资的资本总流出和总流入的地区结构变化情况

资料来源：IMF。

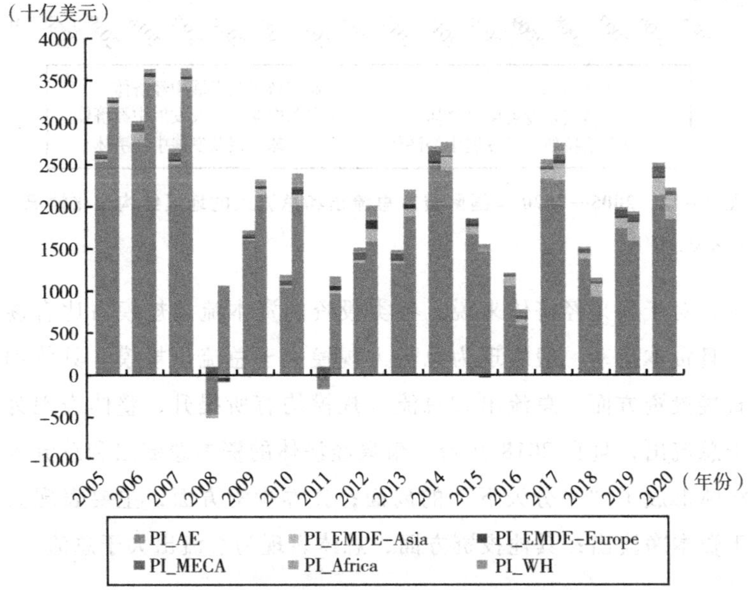

图 3－14　2005—2020 年证券投资的资本总流出和总流入的地区结构变化情况

资料来源：IMF。

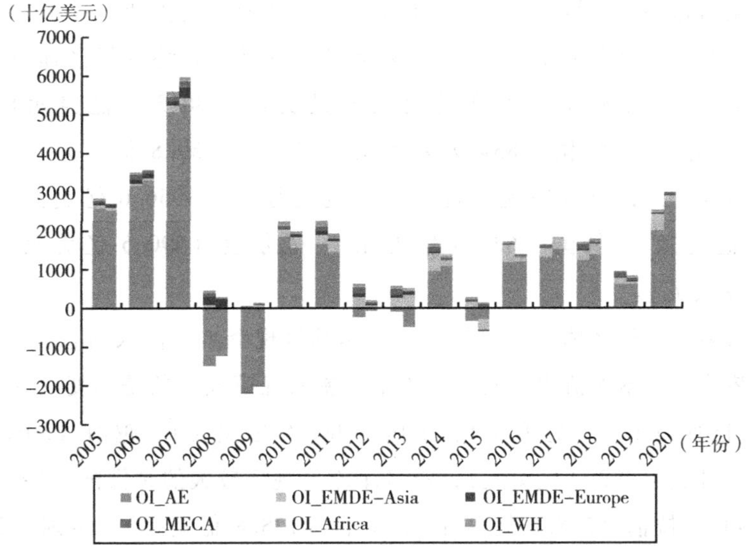

图 3－15　2005—2020 年其他投资的资本总流出和总流入的地区结构变化情况

资料来源：IMF。

四、区域视角下国际资本流动的结构变化分析

从区域视角看，全球国际资本流动的变化存在显著的结构性特征。根据IMF数据库中国际收支平衡表的数据测算出的各国资本流动情况显示，美国是资本流动规模最为庞大的经济体，以2.88万亿美元高居榜首，其后为德国1.59万亿美元、中国1.21万亿美元、爱尔兰1.02万亿美元、卢森堡0.97万亿美元、英国0.91万亿美元、法国0.75万亿美元、加拿大0.63万亿美元、中国香港0.49万亿美元、新加坡0.45万亿美元。

可以发现，在资本流动总规模较大的十个经济体中，有九个经济体为发达经济体、一个经济体为新兴经济体，且九个发达经济体中五个经济体位于欧洲、两个位于北美洲、两个位于亚洲。这一现状说明，发达经济体由于拥有较为发达、完善的金融市场，有着更为活跃的资本流动；中国由于其经济增长且金融市场开放程度的逐步提升，成为资本流动最为活跃的新兴经济体。

进一步测算全球61个经济体资本净流动情况，可以发现大部分经济体呈现资本净流入态势，且这些经济体主要集中在欧洲和大洋洲区域；其他呈现资本净流出态势的经济体主要分布在亚洲、北美洲和南美洲。

众多发达经济体中，呈现资本净流出、净流入态势的经济体分别各占“半壁江山”。资本净流入规模较大的是美国（8013.6 亿美元）、英国（867.3 亿美元）、法国（834.9 亿美元）、瑞士（259.8 亿美元）、加拿大（158.5 亿美元）；资本净流出规模较大的为德国（3356.0 亿美元）、荷兰（751.9 亿美元）、韩国（623.5 亿美元）、爱尔兰（590.5 亿美元）、挪威（535.2 亿美元）。

在众多新兴经济体中，大部分经济体都呈现资本净流入的态势，只有少部分经济体为资本净流出。其中，资本净流入规模较大的是印度（1018.1 亿美元）、巴西（477.1 亿美元）、中国（381.6 亿美元）、越南（308.8 亿美元）和土耳其（290.2 亿美元）；资本净流出规模较大的是俄国（592.5 亿美元）、沙特阿拉伯（398.6 亿美元）、南非（128.8 亿美元）、泰国（21.4 亿美元）和阿根廷（14.3 亿美元）。

将 2021 年全球 61 个经济体的资本流动的内部结构进行解构。直接投资方面，总流动规模位列前十的经济体中，只有中国大陆一个新兴经济体，其总流动规模达 4640.0 亿美元，其余经济体均为发达经济体，分别为英国（5238.9 亿美元）、美国（4499.1 亿美元）、德国（2673.4 亿美元）、爱尔兰（2402.1 亿美元）、中国香港（2108.8 亿美元）、日本（1771.8 亿美元）、加拿大（1584.2 亿美元）、比利时（1585.5 亿美元）、法国（1369.1 亿美元）。

其次对全球 61 个经济体直接投资项的资本净流动规模进行观察，可以发现，大多数经济体直接投资呈现资本净流入态势，只有较少部分经济体呈现资本净流出态势。直接投资净流入的经济体中，美国净流入规模最大为 4493.1 亿美元，其后为中国（2059.4 亿美元）、立陶宛（1294.8 亿美元）、新加坡（1042 亿美元）、墨西哥（689.6 亿美元）；直接投资净流出的经济体中，英国规模最大为 4786.8 亿美元，其后为卢森堡（2313.7 亿美元）、荷兰（1459.7 亿美元）、日本（1225.7 亿美元）、德国（1200.4 亿美元）。

作为新兴经济体的中国，直接投资的总流动规模如此庞大且呈现资本净流入态势，主要得益于 2021 年疫情防控效果显著、经济逐步恢复且增速稳定、经济发展前景积极向好等。

进一步分析全球61个经济体证券投资的资本流动情况。众多经济体中，美国的证券投资的资本总流动规模最大，为11873.7亿美元，接着分别为卢森堡（9494.7亿美元）、爱尔兰（8256.4亿美元）、中国（3027.9亿美元）、德国（2258.6亿美元）、法国（2160.4亿美元）、日本（1856.6亿美元）、澳大利亚（1765.7亿美元）。

证券投资的资本净流动方面，约2/3的经济体表现为资本净流出。资本净流出规模较大的是德国（2999.2亿美元）、意大利（1448.7亿美元）、中国香港（1050.9亿美元）、澳大利亚（653.4亿美元）、新加披（570.5亿美元）；资本净流入规模较大的是英国（3480.3亿美元）、日本（1966.5亿美元）、卢森堡（1310.0亿美元）、荷兰（867.6亿美元）、中国（509.6亿美元）。还可发现，呈现资本净流出态势的经济体中发达经济体占比较高，且包括所有欧洲地区的新兴经济体；相反呈现资本进入态势的经济体中新兴经济体占比较高。

再分析全球61个经济体其他投资的资本流动情况。德国的证券投资的资本总流动规模最大，为10184.3亿美元，其次分别为美国（8200.7亿美元）、英国（6175.5亿美元）、中国（5448.3亿美元）、法国（4094.5亿美元）、卢森堡（3038.6亿美元）、新加坡（2253.5亿美元）、印度（2001.7亿美元）。

其他投资的资本净流动方面，大部分经济体均表现为资本净流入。资本净流出规模较大的是中国（2298.4亿美元）、英国（2219.7亿美元）、日本（887.2亿美元）、荷兰（456.3亿美元）、卢森堡（170.3亿美元）；资本净流入规模较大的是美国（8322.6亿美元）、德国（1564.1亿美元）、意大利（1410.5亿美元）、印度（728.0亿美元）、法国（675.6亿美元）。还可发现，欧元区经济体大都呈现资本净流入的态势；印度正是在其他投资项下所发生的流量巨大的资本净流入的支撑下，成为61个经济体中2021年资本总净流入规模第二大的经济体，表明印度国际资本中在其他投资项下资本流动占据极高比重。

最后，讨论各地区资本流动波动变化情况。借鉴Neumann等（2009）①、

① Rebecca M. Neumann and Ron Penl and Altin Tanku. Volatility of capital flows and financial liberalization: Do specific flows respond differently? [J]. International Review of Economics and Finance, 2009, 18(3): 488-501.

梅尔卡多（Mercado，2011）和帕克（Park，2011）[①] 所采用的对资本净流动数据计算五年期滚动标准差以获得资本流动波动的方法，对资本净流动（CFV）进行计算。具体计算方法如下：

$$CFV_{i,t} = \sqrt{\frac{1}{n}\sum_{k=t-19}^{t}\left(\frac{CF_{i,k}}{GDP_{i,k}} - \mu\right)^2} \tag{3-1}$$

其中，$\mu = \frac{1}{n}\sum_{k=t-19}^{t}\left(\frac{CF_{i,k}}{GDP_{i,k}}\right)$；$CF_{i,k}$是第 i 个经济体在第 k 个时期的资本净流动；$GDP_{i,k}$是第 i 个经济在第 k 个时期的国内生产总值。采用类似的方法，对直接投资、证券投资、其他投资的资本净流动波动（*FDIV*、*PIV*、*OIV*）分别进行计算：

$$FDIV_{i,t} = \sqrt{\frac{1}{n}\sum_{k=t-19}^{t}\left(\frac{FDI_{i,k}}{GDP_{i,k}} - \mu\right)^2} \tag{3-2}$$

$$PIV_{i,t} = \sqrt{\frac{1}{n}\sum_{k=t-19}^{t}\left(\frac{PIV_{i,k}}{GDP_{i,k}} - \mu\right)^2} \tag{3-3}$$

$$OIV_{i,t} = \sqrt{\frac{1}{n}\sum_{k=t-19}^{t}\left(\frac{OI_{i,k}}{GDP_{i,k}} - \mu\right)^2} \tag{3-4}$$

根据图 3－16 可以发现，众多发达经济体的资本净流动的波动性都较为明显，大部分经济体的净流动波动都在 10% 以下，波动水平较高且幅度较为巨大的经济体主要分布在欧洲地区。另外，资本净流动波动的时变性存在较大的异质性：一部分经济体的波动性呈现先升后降的趋势，如马耳他、拉脱维亚、芬兰、希腊、葡萄牙、新西兰、瑞士、比利时等；另一部分经济体的波动性呈现随时间变动而逐步提升的趋势，如爱尔兰、卢森堡、塞浦路斯、新西兰；还有一部经济体的波动性则随时间推移而有所下降，如英国、美国、澳大利亚等。

具体对各类投资来说（图 3－17 至图 3－19），大部分经济体的各类投资的净流动波动都处于较低水平，但其中卢森堡的直接投资、证券投资及其他投资的净流动波动则一直居高不下，而这导致了其净资本流动波动也异常明显。直接投资方面，卢森堡的波动水平及波动幅度最为明显，从 2005 年的

① Rogelio V. Mercado and Cyn－Young Park. What Drives Different Types of Capital Flows and their Volatilities in Developing Asia?［J］. International Economic Journal，2011，25（4）：655－680.

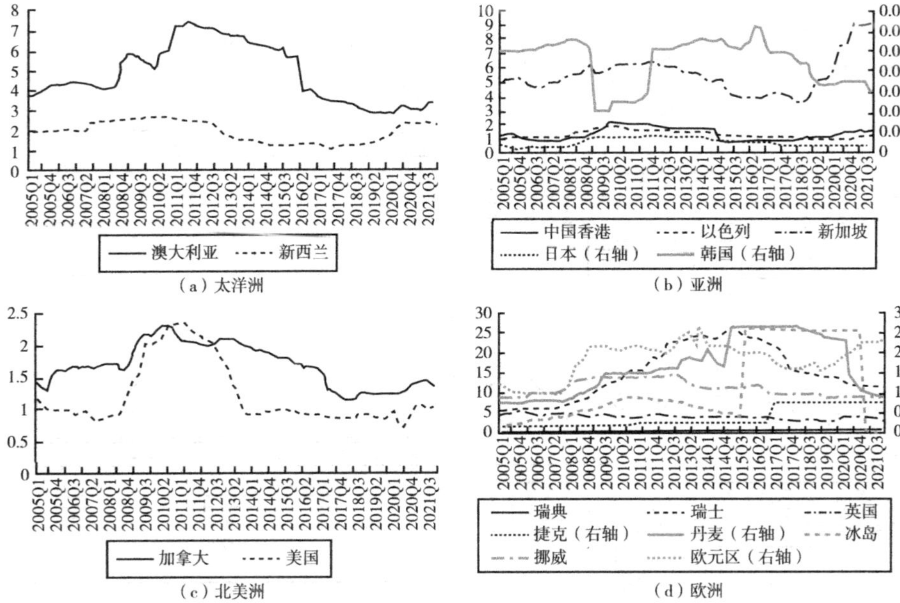

图 3-16　2005—2021 年发达经济体（地区）资本净流动波动情况（单位:%）

资料来源：IMF。

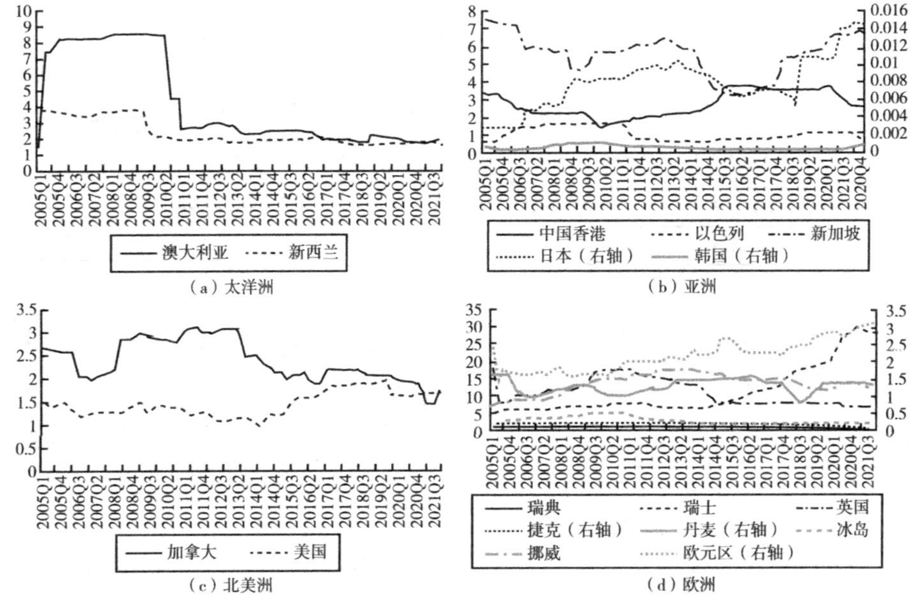

图 3-17　2005—2021 年发达经济体（地区）直接投资资本净流动波动情况（单位:%）

资料来源：IMF。

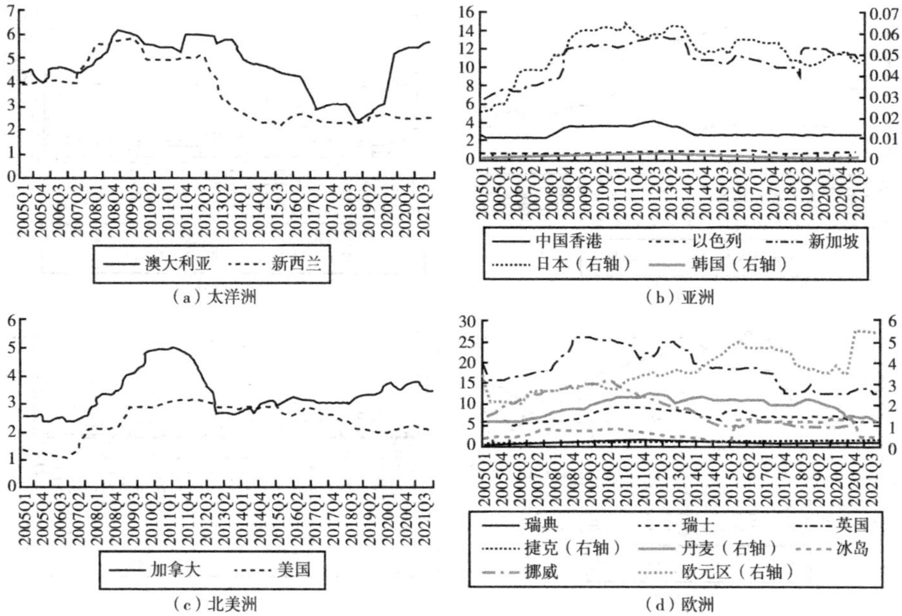

图 3-18　2005—2021 年发达经济体（地区）证券投资资本净流动波动情况（单位：%）

资料来源：IMF。

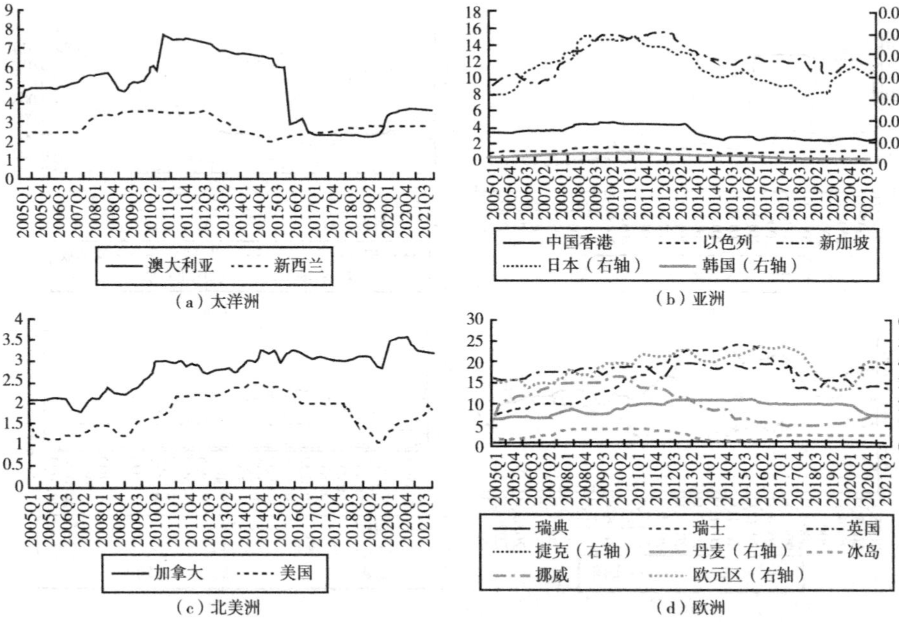

图 3-19　2005—2021 年发达经济体（地区）其他投资资本净流动波动情况（单位：%）

资料来源：IMF。

381.3%不断跃升至2019年的1170.8%，虽然后在2020年有所下降但波动水平一直非常高；证券投资和其他投资方面卢森堡的波动水平及幅度在61个经济体中位居首位，且都呈现非常明显的先升后降的趋势，于2012年内发生大幅攀升并一直持续至2017年，随后在2018年发生大幅下降。

由图3-20至图3-23可以发现，众多新兴经济体的资本净流动的波动性较大，其中尤以白俄罗斯、黎巴嫩和保加利亚最为明显，白俄罗斯的资本净流动波动从2005年至2010年在30%的高位徘徊，大幅下降到2021年的2.26%；黎巴嫩的资本净流动波动在16年间一直处于高位；保加利亚则是先在2012年中升至14.6%，后又在2013年快速降至5%以下。特别地，中国的资本净流动波动，以及直接投资证券投资和其他投资的净流动波动均呈倒"U"形，但整体的波动幅度并不算高，仅在0—1%徘徊，说明中国的资本净流动波动性较小、资本净流动较为稳定。

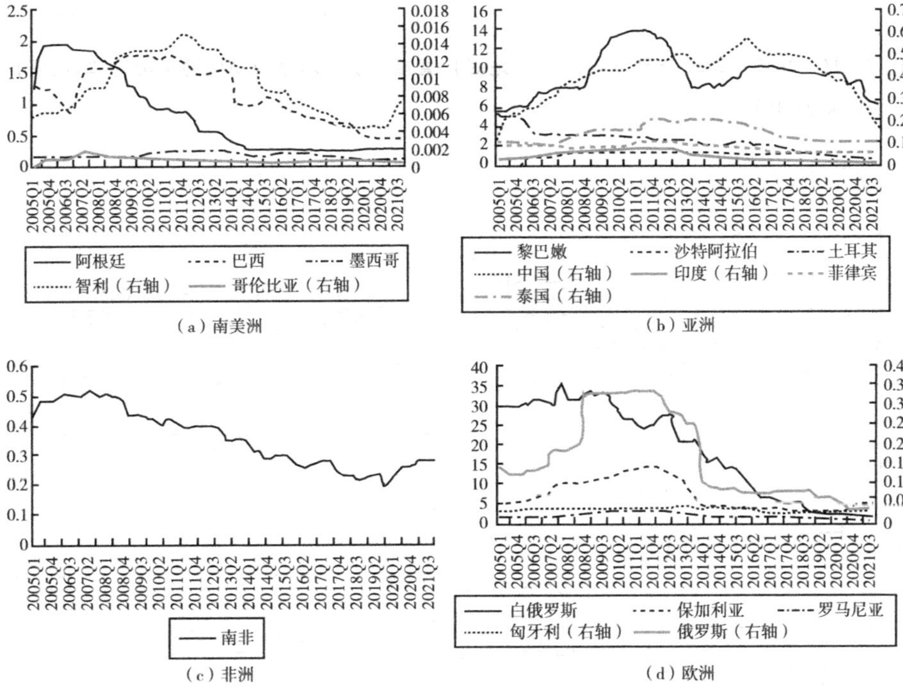

图3-20　2005—2021年新兴经济体（地区）资本净流动波动情况（单位：%）

资料来源：IMF。

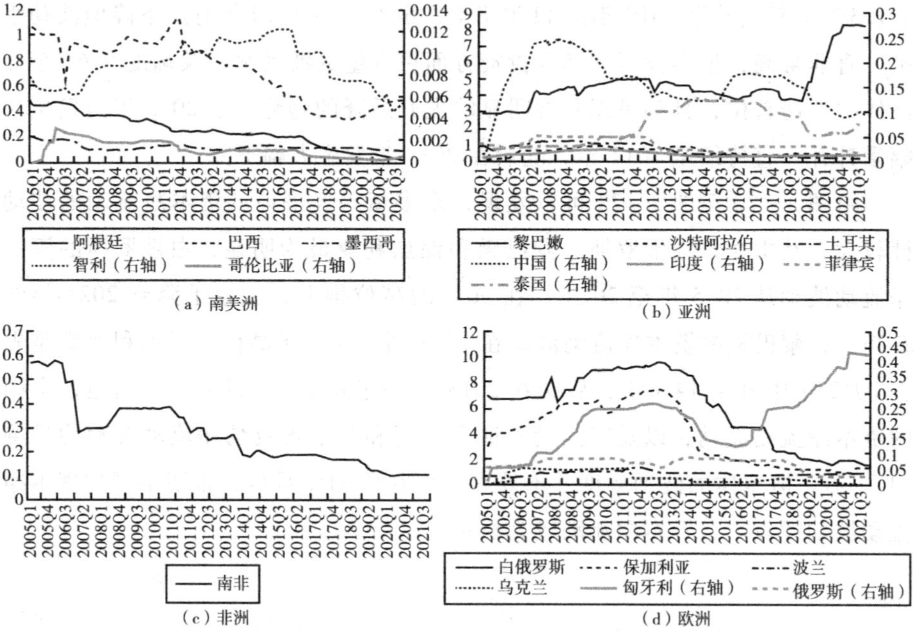

图 3－21　2005—2021 年新兴经济体（地区）直接投资资本净流动波动情况（单位：%）

资料来源：IMF。

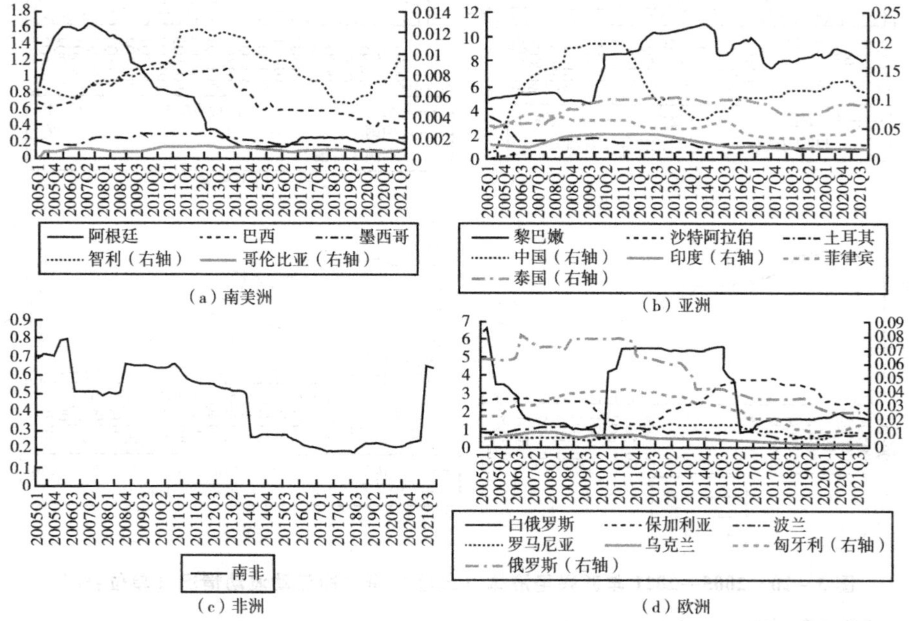

图 3－22　2005—2021 年新兴经济体（地区）证券投资资本净流动波动情况（单位：%）

资料来源：IMF。

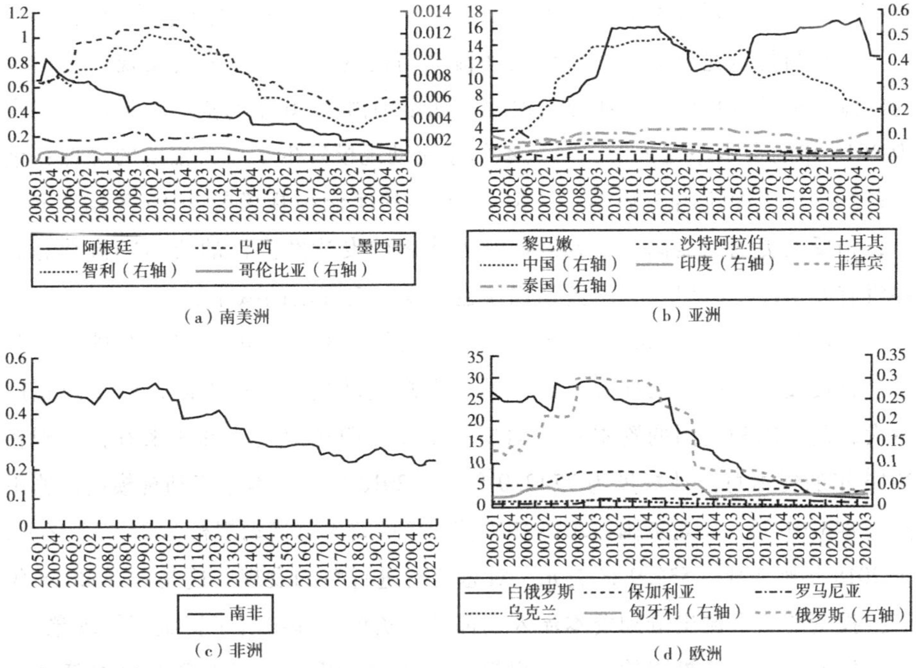

图 3－23　2005—2021 年新兴经济体（地区）其他投资资本净流动波动情况（单位：%）

资料来源：IMF。

第三节　逆全球化背景下国际资本流动演变的动力分析

在全球化进程逐步推进的过程中，逆全球化事件也一直在不断发生。近些年来，以英美等发达经济体为主体而开展的诸多逆全球化行为再次“卷土重来”，2016 年 6 月的英国公投“脱欧”，2017—2019 年美国发动的一系列诸如退出各类国际组织和协定、向多国发起贸易战等逆全球化操作都在国际上投下一枚又一枚的重磅“炸弹”，给全球化进程的推进造成了阻碍，更是加剧了全球国际资本流动的波动及不确定性。因此通过对比分析 2016 年和 2018 年全球 61 个经济体的资本流动的变动情况，可以实现对逆全球化背景下的国际资本流动的初步认识。

通过对 2016 年和 2018 年全球 61 个经济体的资本总流动情况进行对比分

析，可以发现国际资本流动规模并没有在逆全球化背景下发生较大改变。

但是当将目光聚焦于经济体的净流动情况的变化时，就会发现一些国家的净流动情况及规模有了明显的改变，如中国由2016年的资本净流出国转变为2018年的资本净流入国，且资本的净流动规模发生了较大幅度的降低；俄罗斯维持资本净流出态势不变，但2018年的净流出规模较2016年增长近6倍；相反以美国、英国及欧元区国家为代表的发达经济体的资本净流动态势并没有发生改变，但资本净流动规模也出现一定程度的减小。

再继续对2016年和2018年的资本流动的内部结构进行解构并进一步分析。直接投资方面，大部分经济体的资本总流动规模有所下降，但下降幅度不大，而美国和英国的资本总流动规模则发生明显改变。具体来看，美国在2016年的资本总流动规模为7742.0亿元，2018年的资本总流动规模则急剧下降至843.01元；反观英国，2016年直接投资的资本总流动规模为3577.2亿元，到2018年则变成-536.9亿美元，对总流动进行解构发现，这是因为2018年直接投资的资本流出端和资本流入端都呈现负值，即出现了资金回撤现象。

接着，对直接投资的净流动规模进行比较分析，可以发现较多经济体的净流动规模和态势都发生了较大改变，如中国由2016年的资本净流出国变为2018年的资本净流入国且流动的规模翻倍，俄罗斯、英国、瑞典由2016年的资本净流入国变为2018年的资本净流出国；美国维持资本净流出态势不变，但净流出规模发生翻倍。如果仅关注资本净流动规模的区别的话，可以发现2018年内各经济体的资本净流动规模都较2016年有所提升。

证券投资方面，由近一半的经济体的总流动规模增加，另有一半数量经济体的总流动规模发生下降。其中：美国和英国的证券投资的资本总流动规模增加的最多，分别增加了3707.8亿美元和2611.2亿美元；中国的总流动规模增加606.2亿美元。对2016年和2018年各经济体证券投资的资本净流动变动情况进行对比，可以发现，较多经济体的净流动态势和规模都发生变化，如中国和俄罗斯由2016年的资本净流出国变为2018年的资本净流入国，美国、加拿大、墨西哥、沙特阿拉伯、芬兰、土耳其等经济体则从2016年的资本净流入国变成了2018年的资本净流出国。

其他投资方面，发达经济体中更多表现为总流动规模的增加，其中美国和英国分别增加3698.8亿美元和131.1亿美元；新兴经济体中也是更多表现为资本总流动规模提升，但中国的总流动规模发生大幅度下降，2018年较

2016 年降低 1198.4 亿美元；其他投资的净流动方面，新兴经济体中多数经济体所经历的变动较大，一些经济体从 2016 年的净流出国转变成 2018 年的净流入国，如印度、马来西亚、哥伦比亚、菲律宾等，一些经济体则发生了较大的资本净流出，如土耳其、俄罗斯、沙特阿拉伯等，中国则是受影响最大的国家，净流出规模由 2016 年 3167.4 亿美元锐减至 2018 年的 203.8 亿美元；南美洲和欧洲的多个发达经济体或由资本净流出国转变为资本净流入国（如加拿大、丹麦），或资本净流入的规模发生大幅增加（如美国、爱尔兰、法国）。

总的来看，发达经济体所实施的诸多逆全球化操作，虽然没有对各经济体的资本总流动产生较大的抑制作用，但对于资本的净流动以及各类投资的资本流动来说，确实产生一定程度的影响，转变了多个经济体的总的资本净流动态势，显著降低了直接投资的资本总流动规模，提升了众多经济体其他投资的总流动规模，但其对于证券投资的资本总流动的影响存在异质性。具体地，英美两国直接投资的流动规模所遭受的负面影响最为明显，但同时两国证券投资和其他投资下的资本流动规模却产生了增长；对于中国来说，逆全球化的环境虽然没有影响直接投资和证券投资下的国际资本流动，但却对于其他投资下的资本流动产生了一定程度的负向影响。

第四节　国际资本流动变化的展望

一、国际经济形势展望

伴随着全球经济政策不确定性程度的急剧加深，国际政治与经济关系日益复杂，世界经济大调整的迹象已经初步显现。自 2019 年二季度以来，美国经济增速急剧放缓，到 2019 年三季度仅较上一季度增长 0.1%；日本经济增速长期维持在 1.7% 附近；欧盟各国平均 GDP 增速也仅维持在 1.4% 左右。新兴经济体经济增速尽管较发达经济体而言更为明显，但受阻于其经济体量相对较小、经济波动更加频繁，致使这种短期的增长不具备可持续性。2019 年巴西与俄罗斯经济增速有所回暖，同比分别增长 1.2% 和 1.7%，但仍处于历史低位；而南非的GDP出现了负增长的情况；印度的经济增速也有几年前的两位数下降至2019年的4.5%；中国经济增速同样放缓至6%水平附近，未来有可能进一步下滑。

在经济增速放缓的大背景下，各国的通货膨胀同样出现疲软走势。美国2019年11月的核心通胀指数为1.6%，低于目标值2%；欧元区通胀水平也仅为1.4%，俄罗斯同期CPI指数也比中央银行通胀目标4%低了1个百分点，仅有印度的通胀指标达到了5.54%的高位。通胀水平的走软说明了全球范围内的实际有效需求不断下降，尽管暂时还不会出现流动性陷阱的状态，但长期的需求疲软很可能产生新的恶性循环，致使企业利润下降、工人工资下降、失业率提升、需求进一步下降。加之近期全球新冠肺炎疫情大暴发，全球失业率飙升，企业停工甚至破产，劳动工人失去收入，部分地区甚至出现了严重的暴动，这些都为全球经济增长埋下了阴影。

从金融市场方面来看，受全球宽松货币政策环境影响，主要金融市场的资产价格出现了快速上涨的情况。美国标普500指数2019年全年上涨28.3%，创造了历史新高；而市盈率也达到了30.91的高位，甚至高于2008年次贷危机的峰值。此外，日经指数、印度BSE指数全年也分别上涨了21%和16.4%左右。债券市场同样表现强劲，作为全球主要避险工具的美国国债，其收益率在2019年全年持续走低，其中三十年国债收益率一度跌破1.907%，这说明市场参与者判断未来风险积聚可能性正在攀升。根据彭博统计数据，2019年9月全球负债收益率债券总量已经接近17万亿美元，为全球可投资债券总额的30%左右。这也反映出当前全球投资者对未来的悲观和避险情绪，以及对全球经济衰退的隐忧。

从全球经济关系角度来看，经济治理分歧进一步加剧，由此而引发的全球性贸易摩擦程度迅速攀升。自美国总统特朗普上台以来，其宣称的“美国优先”政策获得了国内的一致赞同，但却遭到全球其他经济体的反对。特别是其在全球经济治理当中的原则性理念与过去共同推进贸易自由化理念相冲突时，逆全球化形态逐步加深和巩固，发达经济体与新兴经济体之间关于自由贸易的理念冲击也被迅速激化。在经贸冲突不断升级的背景下，美国多次主动挑起贸易争端，迄今已经与中国、印度乃至曾经的同盟欧盟都发起了多次贸易冲突，并向其他经济体蔓延。而在当前疫情的加持下，各国经济贸易的关联性显著减弱，无论是在FDI规模还是在贸易增速方面都出现了断崖式下跌。全球产业分工萎缩迹象十分明显，全球价值链在各国之间的分工呈现弱化态势，国内产业链则逐步得到强化，这些都为经济全球化蒙上了一层阴影。

二、国际资本流动的风险变化

在当前逆全球化趋势逐步确立的背景下，全球国际资本流动变化所引发的国内外经济金融风险也在迅速攀升：首先，经济逆全球化发展会加剧国际资本“本土化倾向”趋势。逆全球化最终会促使全球经济政策不确定性上升，这将在一定程度上助长市场参与者的避险情绪。由于各国在针对投资者保护政策方面往往更加倾向于具有长期投资倾向的海外投资者以及国内投资者，这就使那些具有短期投机属性的投资者倾向于将海外投资撤回，防止未来的不确定性造成巨大损失，最终形成国际资本本土化倾向。在短期，这种国际资本的迅速流出可能会引发外汇市场上该国货币的迅速贬值，而这又会引发市场的恐慌情绪，致使看空该国货币的投资者形成集聚效应，最终引致那些具有长期投资倾向的海外投资者同样跟随短期投资者脚步，收回投资。国际资本的本土化倾向，对一国而言其结果应当是前期流入的资本快速流出，而前期流出的资本快速流入（或者进入离岸金融市场）。新兴经济体在前期往往获得了更多的资本流入，因此在这一阶段可能会遭受更加严峻的资本外逃风险；而发达经济体前期过多的资本流出这一阶段也可能形成快速的资本流动，最终形成不同阵营的两极分化。

其次，国内系统性金融风险的积累与暴发可能会导致短期国际资本迅速流出。尽管国际资本的本土化倾向在一定程度上能够引导国际资本流向，但国际投资者事实上也会更多地关注各国系统性金融风险的变化情况。当一国国内的资产价格持续暴涨，且与实体经济形成显著的基本面脱离，同时资产价格引起了通胀预期的迅速上升、金融机构风险承担水平上升，都会在金融网络关联下形成共振，最终引爆出金融危机。如果外部投资者意识到这一问题，将会提前迅速撤离该国市场，形成资本流出，并将前期的投资资本投放到系统性金融风险相对较低的国家或地区，或者投放到相对安全的避险资产上。事实上，近年来比特币价格的迅速上涨也在一定程度上反映出全球的避险情绪，而上文提到的美国国债收益率快速下降同样能说明这个问题。因此，各国还需要紧密关注自身系统性金融风险的积累与暴发问题，防止极端风险事件出现引发国际资本流出，最终对本国经济造成致命打击。

最后，未来新冠肺炎疫情的发展也对国际资本流动风险产生显著影响。在当前全球新冠肺炎疫情的影响下，各国不仅国内经济衰退显著，失业水平迅速上涨，甚至有可能陷入通缩状态。国际资本的投资逻辑也由过去的盈利效应主导转变为避险效应主导，即过去更加注重盈利，而现在更加注重安全。如果一国在短期内能够迅速抑制疫情的暴发和扩散，并率先恢复生产，那么该国经济恢复速度也将领先于其他国家，全球的国际资本也会更加倾向于流向该国。但如果所有国家或地区在对抗疫情时均处于较为缓慢的状态，那么国际资本可能会倾向于进入国际信用水平相对较高的国家，也即当前全球主要发达经济体。因此，此次新冠肺炎疫情对新兴经济体的国际资本流动风险影响会更大，而发达经济体会基于其前期积累的经济实力而被国际资本赋予了优先选择权。以中国为代表的新兴经济体必须快速制定相应的防疫政策，尽可能在短时间内有效控制疫情的暴发，只有本国经济快速回到正轨上来，才能在更大程度上抑制国际资本流出的倾向，防止资本外逃对本国经济造成二次打击。

第四章

逆全球化视角下对国际资本流动的影响机制分析

——基于极端金融风险溢出视角

第一节　引　　言

当前形势下，我国宏观经济波动不仅受产业结构、通胀水平等传统经济变量影响，在金融系统日益重要的今天，金融风险已经成为当前我国决策部门宏观调控的重点对象。习近平新时代中国特色社会主义理论中强调，守住不发生系统性金融风险已经是当前对我国金融领域稳定发展的根本要求。近年来，全球新冠肺炎疫情蔓延，国际油价暴跌，全球经济大概率陷入衰退。各国纷纷出台宽松的货币与财政政策对冲需求下降带来的潜在风险，而美联储甚至开始实施无限量量化宽松货币政策（可视为2008年次贷危机期间量化宽松货币政策加强版）维护本国经济稳定。美联储松动银根导致的直接结果即为美元全球流动性泛滥以及货币的迅速贬值。国际资本开始流出美国，寻求各类避险资产。当前形势下，以美国为首的西方发达国家政策不确定性日益上升，而由于国际资本流动中的短期资本流动可能会通过引发外汇市场波动，带来各金融市场和金融机构间的风险传染，最终可能引发系统性金融风险，给全球各国特别是发展中国家带来显著的负面影响。因此，许多国家开始倾向于由过去对国际资本流动监管的放任态度转变为谨慎态度，IMF甚至强调适度的资本管制有利于本国经济的稳健运行。因此，当前针对国际资本流动的问题落脚到如何有效把握国际资本流动的变化特征，特别是能够引起国内系统性金融风险积累与暴发的国际资本流动成为全球监管部门重点关注的问题。

针对国际资本流动的监管，从逻辑上看大部分观点都强调基于国际资本流动影响因素的分析，即通过有效管理与监控这些主要影响因素即可对国际资本流动实施有效监管。从影响因素方面来看，主流观点认为国际资本流动主要受推动因素与拉动因素影响，其中推动因素主要为国际外部因素，体现在供给层面；拉动因素主要为国内内部因素，体现在需求层面。然而伴随着全球金融一体化的迅速发展，推动因素与拉动因素的内生性逐步显现，两者之间的边界也更加模糊，这将不利于决策部门针对某一因素实施相应的策略这一管理思路的有效实施。特别是当前逆全球化形势出现以来，各国经济政策实施的方向与频率变化速度之快令人反应不及，全球经济政策不确定性迅速提升，这也使我们更加无法提取某一宏观经济因素变量，讨论国际资本流动的变化特征。因此，本章重点基于全球经济政策不确定性的变化如何对国际资本流动产生影响进行分析，有助于从宏观层面给整体讨论当前的全球经济环境对我国国际资本流动的影响情况，为监管部门制定相应的资本流动管理方案提供理论与实证指导。

第二节　理论机制分析

首先，不确定性与风险之间存在差别。所谓“不确定性”，指的是市场参与者无法准确观察与分析某项事物产生变化的原因和结果；而“风险”，指的是一种统计概率，即未来发生或不发生某件事情的可能性。因此，“不确定性”在传统观念中是无法测度与衡量的，而“风险”在统计角度来看是可以测量的。换言之，风险实质上是不确定性在统计角度的概率分布体现。从投资者视角来看，风险即为投资的机会成本，因此可通过衍生品工具进行套期保值，即付出相应成本规避风险。当风险的机会成本高于投资预期收益时，投资者会选择放弃投资，直至风险的机会成本低于投资预期收益。而不确定性代表着未知信息对未来的正向或负向影响，由于信息的不完全性与不对称性，投资者在面对不确定性时的投资决策存在显著差异。若投资者较为乐观，那么在不确定性上升时，投资者可能会提升投资偏好，此时可能会减弱政策不确定性对投资或经济增长的抑制作用；若投资者较为悲观，当不确定性上升时，投资者投资偏好下降，不确定性上升反而会加重风险对经济增长的抑制作用。因此，当全球面临经济政策不确定性上升时，对各国的国际资本流动影响的方向与程度不尽相同，主要取决于市场参与者的信心水平。当全球经济政策不确定性上升时，全球经济风险必然会上升，此时投资者会选择那些抵御外部风险冲击能力更强的金融市场。外部金融风险的冲击通过极端金融风险溢出的方式影响国内金融市场。而当外部金融市场极端风险对国内市场影响不显著时，国内金融市场参与者信心提升，短期国际资本流入程度加大，反之则反。因此，在全球经济政策不确定性水平较高时：如果国内金融市场抵御外部金融风险能力相对较高，则该国出现短期资本流入；如果国内金融市场抵御外部金融风险能力相对较低，则该国出现短期资本流出。

其次，全球经济政策不确定性对极端金融风险溢出程度及方向的影响必须满足相应条件。经济政策不确定性作为典型的负向外部冲击，对国内金融市场的风险水平必然会带来扰动。但不同金融市场的影响与反应情况不尽相同，一般可以从一国的政府风险和市场风险两个角度来进行分析。从政府风险角度来看，一国的主权债务风险能够在很大程度上反映出政府在应对外部风险时的政策操作空间。当一国的主权债务水平与风险较高时，说明政府在抵御外债风险时可能会面临困境，此时一旦出现外部经济政策不确定性风险，必然会极大削弱该国市场参与者对该国政府的信心，从而加剧风险暴发的可能性。而当该国主权债务水平与风险相对较低时这种可能性会有所下降。从市场风险角度来看，宏观杠杆水平的变化主要反映了私人部门的风险承受能力。当宏观杠杆水平较高时，私人部门抗风险能力减弱，外部经济政策不确定性风险的上升可能会导致私人部门在被动“去杠杆”过程中出现财务危机甚至破产，引发国内系统性风险暴发。因此，全球经济政策不确定性对国内极端金融风险溢出水平的影响会在不同国家主权债务水平和宏观杠杆水平作用下呈显著异质性。

最后，主权债务风险与宏观杠杆风险在极端金融风险溢出作用下对国际资本流动产生影响。国际资本流动（特别是短期资本流动）作为投机性资本，其对金融风险的敏感程度远远高于其他资本流动。因此，市场参与者在进行投资时不仅会关注主权债务风险和宏观杠杆风险，同时也会关注该国金融市场极端金融风险与外国金融市场极端金融风险的关联性。如果该国金融市场受外部影响较弱，则会降低该国资本流出倾向；反之，若该国金融市场受外部影响显著，则会强化该国资本流出倾向。

第三节　模型设定与数据选取

一、极端金融风险传递效应测度方法

目前大部分针对金融市场风险传递或传染问题的研究都是建立在 Value at Risk（VaR）模型基础之上，但由于资产收益率具有时变性，这就可能导致其尖峰厚尾特征弱化了最终 VaR 值之间的传递效果。恩格尔（Engle，2004）和曼格内里（Manganelli，2004）基于这一缺陷提出了一种新的改进方法，即 CAViaR 模型，用于考察具有尖峰厚尾特征的时变数据关联性。首先，建立条件分位数方程：

$$q_t = \beta_0 + \sum_{i=1}^{d} \beta_i q_{t-i} + \sum_{j=1}^{\tau} \beta_j l(X_{t-j}) \tag{4-1}$$

式（4-1）中，q 表示资产投资收益率在一定置信区间下的条件分位数。X 表示具有时变特征的观测变量，β 表示资产收益率中的波动聚集性以及分布尾部的关联性，βq 代表分位点函数之间的自相关性。式（4-1）则表示观测变量滞后项对条件分位数 q 的影响。该方程满足条件 $Q_t(\varepsilon_t \mid \Omega_t) = 0$，即在随机变量的 t 时刻条件分位点为 0，Ω_t 为 t 时刻可获得的信息集合。该方法相较于传统的最小二乘估计稳定性更好，在度量金融市场极端风险时更加合理。

其次，在这一条件分位数的基础上，怀特（White，2015）等进一步提出 MVMQ-CAViaR 模型，对上述方法在使用范畴方面进行了延伸。该模型的最大特点在于，通过测算不同随机变量之间的尾部观点度来判断金融市场之间的关联情况。这一模型的具体表达方程如下：

$$\begin{cases} q_{1,t} = c_1(\tau) + a_{11}(\tau)\left|Y_{1,t-1}\right| + a_{12}(\tau)\left|Y_{2,t-1}\right| + b_{11}(\tau)\, q_{1,t-1} + b_{12}(\tau)\, q_{2,t-1} \\ q_{2,t} = c_2(\tau) + a_{21}(\tau)\left|Y_{1,t-1}\right| + a_{22}(\tau)\left|Y_{2,t-1}\right| + b_{21}(\tau)\, q_{1,t-1} + b_{22}(\tau)\, q_{2,t-1} \end{cases} \tag{4-2}$$

式（4－2）中，q 表示为资产 i 的投资收益率序列在一定置信区间下的风险价值，若置信区间为1%，$Pr[Y_{it} \leqslant q_{it} \mid F_{t-1}] = \tau$ 即为该资产的极端风险价值，其中 Y 各资产收益率。上式结果表明，影响金融市场的极端金融风险水平变化的主要因素包括四项：该资产收益率滞后项、关联资产收益率滞后项、该资产极端风险价值滞后项和关联资产极端风险价值滞后项。这四个分项依赖其前置系数 a 和 b 对该市场极端风险产生影响利用优化条件约束对相关参数进行有效估计。最大似然估计的优化条件约束具体表达式为：

$$\min_{\alpha} \frac{1}{T} \sum_{t=1}^{T} \left\{ \sum_{i=1}^{n} \sum_{j=1}^{p} [\rho_{\theta_{ij}}(Y_{it} - q_{ijt}(\alpha))] \right\} \tag{4-3}$$

$\rho_{\theta_{ij}} = \theta_{ij} - I[Y_{ijt} < q_{ijt}(\theta_{ij}, \alpha)]$ 表示待检测函数。先利用单变量 CAViaR 模型将估计参数值作为最优过程的初始值，然后基于 Nelder－Mead 算法，通过最小分位数回归法得到待估及参数矩阵的估计值。由于本书需要估测外部极端风险对国内金融市场的溢出效果，因此需要重点关注 b_{12} 和 b_{21} 的变化，通过递归估计方法得到系数的持续变化，构成时间序列，作为后续风险传递机制分析中的关键解释变量进行分析。

二、极端金融风险传递效应的测度结果

依据上一节的建模方法，本节通过测算一国汇率极端风险变化对该国股票价格极端风险水平变化的影响，以此作为各国极端金融风险传递效应的替代变量。选取巴西、中国、中国香港、日本、英国和美国六个国家和地区的相关数据进行风险传递效应测度，样本时间跨度为 2005 年至 2017 年。汇率指标方面，选取直接标价法下六个国家和地区兑美元的汇率值作为代理变量，而美国本身则使用美元指数进行替代；股票指标方面，选取巴西 IBOVESPA 指数、中国上证综合指数、中国香港恒生指数、日本东京证券指数、英国富时指数和美国道琼斯工业指数作为代理变量进行测算。所有变量均使用日度数据。通过递归方式测算六个国家和地区每季度汇率极端风险对股票极端风险的溢出系数，该系数越大则表示该国抗风险能力弱、该系数越小则表示该国抗风险能力强。

利用上述方法和数据进行溢出效应的测度结果见图 4－1。结果显示，2005—2017 年，巴西、日本与中国香港三个国家和地区汇率极端风险对股票

极端风险的影响较为显著，这表明三个国家和地区在面临极端汇率风险时股票市场的极端风险联动效果显著；而英国与美国的汇率股价联动情况相对较弱。从中国的实际数据来看，2005 年三季度至 2011 年一季度汇率极端风险传导至股票市场极端风险的程度较为显著，可能原因是人民币汇率制度改革产生的影响；但这一情况在 2011 年后得到显著改善，溢出效应逐步降低也说明我国股票市场抵御外部风险能力逐步提升。

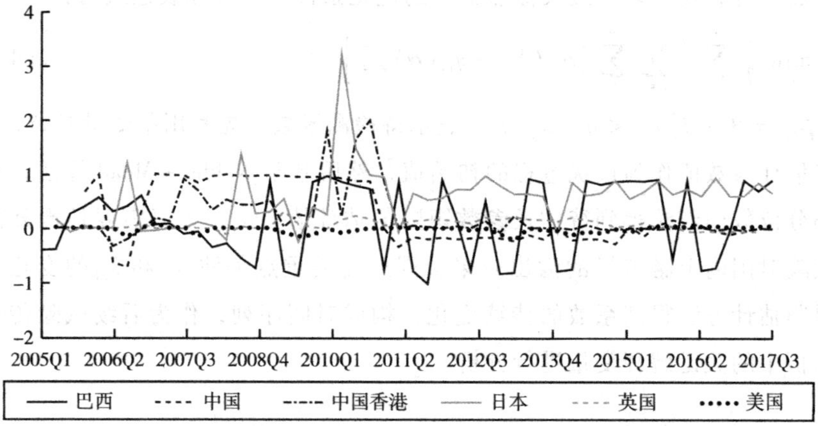

图 4－1　主要国家（经济体）汇率极端风险对股票市场极端风险影响情况

进一步检验估计结果拟合程度情况（见表 4－1 和图 4－2）。表 4－1 显示，样本国家和地区名义汇率与股票价格指数变动水平突破在 1% VaR 值的总次数占样本总量的 1% 左右，表明我们通过 MVMQ－CAViaR 模型的估计结果稳健性较高。图 4－2 显示了各国汇率与股票价格指数的极端风险水平。汇率方面，美元与英镑的极端风险水平较为显著，美元和美元作为完全自由浮动汇率制度下的典型代表货币，其价值在全球外汇市场波动较大；人民币汇率在 2014 年前的汇率波动并不显著，主要是中国汇率制度及对国际资本流动管理结果所致。股票价格指数方面，英国、美国、巴西和日本的股票价格极端风险水平在 2008 年前后出现显著波动，随后的波动幅度有所下降；而中国的上证综指在整个样本期内的极端风险波动水平都相对较大，反映出中国股票市场价格波动水平较其他几个国家或地区较为显著，股票市场风险水平也相对较高。

表 4－1　　观测样本中超过 1%VaR 的比重情况

	观测样本数	超过 1% VaR 的样本数量	比重
中国香港港元汇率	3199	31	0.96%
中国香港恒生指数	3199	32	1.00%
巴西雷亚尔汇率	3194	32	1.01%
巴西 IBOVESPA 指数	3194	32	1.01%
美国美元指数	3205	32	0.99%
美国道琼斯工业指数	3205	32	0.99%
日本日元汇率	3187	33	1.04%
日本东证指数	3187	32	1.00%
英国英镑汇率	3279	34	1.04%
英国富时 100 指数	3279	33	1.01%
中国人民币汇率	3158	29	0.92%
中国上证综指	3158	31	0.98%

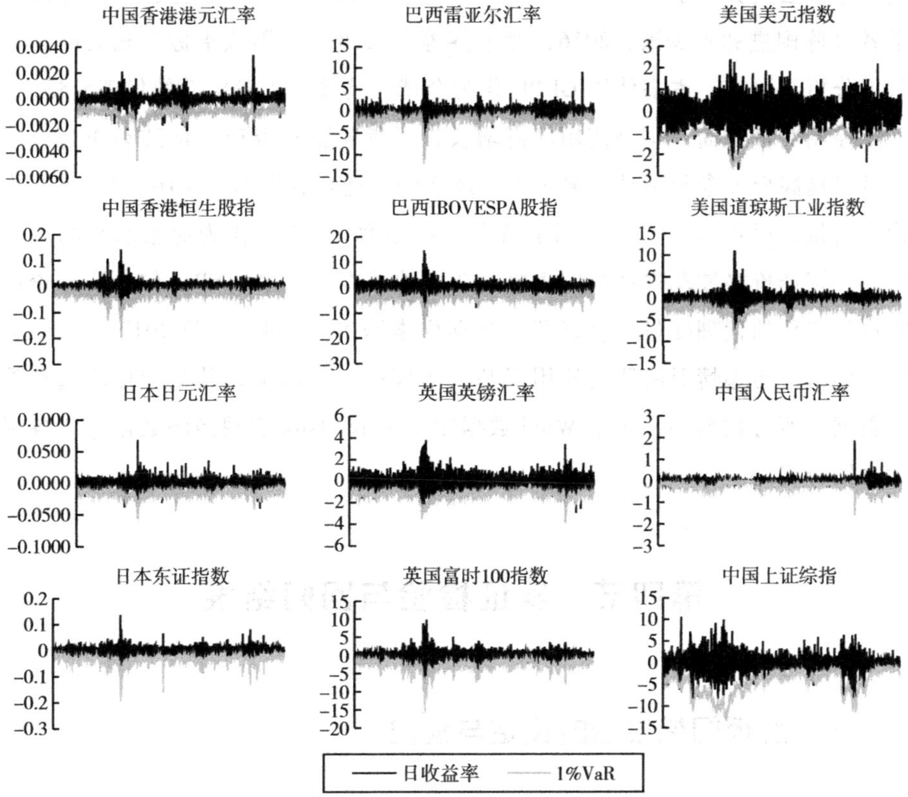

图 4－2　各国汇率与股票指数样本内 1%动态 VaR 序列图

三、其他变量的测算

国际资本流动测算方面，现有文献以直接法、间接法和克莱因法为主。本书使用间接法进行测算，即资本流动规模=外汇储备增量-经常项目顺差-外债增量。该值为正，表示国际资本流入；该值为负，表示国际资本流出，且偏离0的程度越大则流动规模越大。外债规模方面，使用公共债务与GDP比值作为代理变量来衡量一国主权债务风险水平。宏观杠杆水平方面，使用私人非金融部门信贷占GDP比重作为代理变量，该指标越高则表示宏观杠杆水平越高，反之则反。

全球经济政策不确定性方面，贝克（Baker，2016）等基于权威报纸、期刊及专家预测报告中关于经济政策不确定性的关键词句进行深度挖掘，通过文本分析法测算出了全球经济政策不确定性指数（GEPU），且已有部分国内学者（陈国进和王少谦，2016；谭小芬等，2018）利用该指标对相关问题进行了分析与研究。本书使用GEPU作为全球经济政策不确定性的代理变量。

控制变量方面，本书使用经济增长、通货膨胀和资产价格波动作为控制标量以提高模型参数估计的显著性。经济增长选择各国名义GDP增长率作为代理变量，通货膨胀选择各国消费者价格指数（CPI）作为通胀水平的代理变量，资产价格波动选择各国主要股票指数的方差水平（SP）作为资产价格收益率变化的代理变量。上述所有数据样本跨度为2005年至2017年，除极端金融风险传递情况的测度使用了基础指标的样本数据，其余指标均选择季度数据。所有数据均来源于Wind数据库、Word Bank宏观经济数据库和各国中央银行官网。

第四节　实证检验与回归结果

一、面板门槛模型的设定与检验

本章主要讨论全球经济政策不确定性对国际资本流动的影响机制，因而构建面板模型进行实证分析，具体方程为：

$$CF_{it} = \alpha + \beta GEPU + \gamma X_{it} + \varepsilon_{it}$$

其中，CF 表示国际资本流动，$GEPU$ 表示全球经济政策不确定性程度，X 表示控制变量集合，ε_{it} 为随机误差项。由于全球经济政策不确定性对国际资本流动的影响可能存在非线性特征，因此本书使用面板门槛模型，以极端金融风险溢出水平、主权债务风险和作为门槛变量，考察关键变量波动在整个传导过程中的效应变化。面板门槛模型如下：

$$\begin{aligned} CF_{it} = \alpha &+ \beta_{s1} EPU_t(RISK_{it} \leqslant \gamma_1) + \beta_{s2} EPU_t(\gamma_1 < RISK_{it} \leqslant \gamma_2) \\ &+ \cdots + \beta_{s(n+1)} EPU_t(RISK_{it} \leqslant \gamma_n) + \delta_s X_{it} + \mu + \varepsilon_{it} \end{aligned} \tag{4-4}$$

$$\begin{aligned} RISK_{it} = \alpha &+ \beta_{d1} EPU_t(DEBT_{it} \leqslant \gamma_1) + \beta_{d2} EPU_t(\gamma_1 < DEBT_{it} \leqslant \gamma_2) \\ &+ \cdots + \beta_{d(n+1)} EPU_t(DEBT_{it} \leqslant \gamma_n) + \delta_d X_{it} + \mu + \varepsilon_{it} \end{aligned} \tag{4-5}$$

$$\begin{aligned} RISK_{it} = \alpha &+ \beta_{e1} EPU_t(LEV_{it} \leqslant \gamma_1) + \beta_{e2} EPU_t(\gamma_1 < LEV_{it} \leqslant \gamma_2) \\ &+ \cdots + \beta_{e(n+1)} EPU_t(LEV_{it} \leqslant \gamma_n) + \delta_e X_{it} + \mu + \varepsilon_{it} \end{aligned} \tag{4-6}$$

上式中，γ 表示门槛模型中的门槛值，β 表示不同门槛值区间内的估计系数。$RISK$ 表示极端金融风险溢出情况，反映了外部极端金融风险向内传导的效果，也即本国或本区域股票市场抗外部风险能力。$DEBT$ 表示外债比率，LEV 表示宏观杠杆水平。由于面板门槛无需给定非线性方程的具体形式，且门槛值数量或区间划分由样本数量决定，能够有效克服反向因果、测量误差等因素造成的内生性问题，因此可以认为最终得到的结果不会造成伪回归的情况。

门槛显著性检验一般采用自抽样法（Bootstrap），即对门槛值与门槛数量结果的有效性进行验证，以最终确定门槛区间与各区间的参数效果有效性。自抽样法所得出的 F 统计量可最终换算出拒绝原假设的概率 P，用来判断门槛效应。首先对模型进行 10000 次抽样得到面板估计检验结果，在此基础上，还需利用最小二乘似然比对变量门槛值的显著性进行检验。具体来看，即基于给定任意 γ 值，通过最小二乘估计得出相应系数，求得最小值状态下的 $\hat{\gamma}$，得到 $\hat{\beta}(\hat{\gamma})$，并利用最大似然比设定 γ 的置信区间，即 $LR(\gamma) = [SSR(\gamma) - SSR(\hat{\lambda})]/\hat{\sigma}^2$。

二、回归结果分析

表 4－2 反映了极端金融风险溢出的门槛效应估计结果。结果显示，极端

金融风险溢出程度在10%显著性水平下使全球经济政策不确定性对国际资本流动呈单一门槛效应，说明全球经济政策不确定性与国际资本流动间存在显著的非线性关系。在单一门槛条件下，门槛值为2.65，可进一步考察以2.65为门槛的二者影响结果。

表4-2　门槛效应检验结果

模型	门槛变量	门槛值	F值	P值	BS值	临界值		
						1%	5%	10%
单一门槛	RISK	0.479*	10.341***	0.008	500	9.163	5.472	4.309
双重门槛	RISK	[0.473, 0.479]	2.308	0.918	500	7.987	5.763	4.845
三重门槛	RISK	[0.473, 0.479, 0.540]	2.368	0.252	500	7.534	5.731	4.757

注：*、**、***分别表示在10%、5%、1%的水平下显著。下同。

比较线性估计结果与门槛估计结果可知（见表4-3），线性估计结果中全球经济政策不确定性上升会显著地引起国际资本流出，表明全球经济政策不确定性的上升可能会引起市场参与者的厌恶情绪，导致资本撤离；而极端金融风险溢出值（RISK）对国际资本流动产生了较弱的负向影响，反映了国内金融市场抵御外部金融风险冲击能力的减弱会导致资本流出。经济增长速度加快和通胀水平的上升会显著地引起国际资本流入。主要原因是，两者的上升代表了市场对本国经济的乐观情绪，进而提升投资吸引力。股票波动率的上升会引起资本流出，但结果并不显著。因此，一国经济政策不确定性上升时，会在一定程度上降低市场参与者对该国或地区的经济增长预期与乐观预期，从而降低本国投资吸引力，最终导致国际资本流出甚至外逃。此外，经济政策不确定性的提升还可能是海外投资者的投资趋于保守，从而谨慎地出现资本流出的情况。

表4-3右栏反映了门槛模型的结果。可以发现在以RISK为门槛的面板模型中，当RISK值小于0.479时，GEPU值的上升会引起资本流入。该结果表明当股票市场受外部极端风险冲击并不显著时，市场参与者认为本国或区域的金融市场抗外部风险能力较强，因而提升对本国金融市场信心，最终引起资本流入。而当RISK值大于0.479时，GEPU值得上升会引起资本流出。这说明当本国获取与金融市场抗外部风险能力较弱时，市场信心减弱，最终导致资本流出。门槛模型的结果说明，全球经济政策不确定性对一国或地区

短期资本流动的影响呈现显著的非线性效应，取决于该国或地区金融市场抗外部风险能力：当本国或地区金融市场抗外部风险能力较强时（体现为 RISK 值较低），市场参与者对该国具有显著的乐观预期，此时金融市场受外部不确定性风险影响所带来的负面冲击有限，从而会引起国际资本流入；当本国或地区金融市场抗外部风险能力较弱时（体现为 RISK 值较高），市场参与者对该国具有显著的悲观预期，此时金融市场在外部不确定性风险影响下可能会出现超调，最终引起国际资本流出。

表 4-3　　线性模型与面板门槛模型估计结果

变量	线性模型	面板门槛
	CF	CF
GEPU	-3.333*** (-8.801)	—
RISK	-0.360* (-1.643)	—
GDP	3.235* (1.673)	0.127* (1.91)
CPI	8.235*** (5.122)	0.086* (1.92)
SP	-2.689 (-0.922)	-0.207 (-1.03)
EPU（RISK <0.479）	—	0.036* (1.97)
EPU（RISK >0.479）	—	-0.117*** (-2.86)
R^2	0.33	0.23

再分析主权债务风险与宏观杠杆水平的门槛效应估计结果（见表 4-4）。全球经济政策不确定性对一国或地区金融市场抵御外部金融风险能力（极端金融风险溢出水平程度）的影响大小取决于政府与市场的整体抗风险能力。经过 1000 次抽样所得的估计结果显示，DEBT 在单一门槛与三重门槛处的结果均显著，但由于三重门槛中的系数估计结果存在多个不显著的情况，而单一门槛中的系数估计显著程度较高，因此选择单一门槛作为最终估计结果进

行分析。以 LEV 为门槛的结果显示，面板模型具有双重和三重门槛效应。为保证最终估计结果的准确性，本节使用三重门槛结果进行分析。

表 4－4　　主权债务风险与杠杆风险的门槛效应

门槛变量	模型	门槛值	F 值	P 值	BS 次数	临界值		
						1%	5%	10%
DEBT	单一门槛	3.280	6.068**	0.016	500	15.278	5.164	4.290
	双重门槛	[0.51, 1.59]	2.626	0.200	500	15.278	5.164	4.290
	三重门槛	[0.51, 1.59, 2.03]	4.139***	0.000	500	3.714	3.527	2.425
LEV	单一门槛	6.180	6.144	0.24	500	31.569	13.290	10.360
	双重门槛	[4.770, 6.180]	7.342***	0.000	500	7.233	5.996	4.976
	三重门槛	[4.770, 5.256, 6.180]	7.631***	0.000	500	7.485	6.387	4.526

表 4－5 显示了 DEBT 与 LEV 的门槛模型估计结果。表中左列结果显示，当 DEBT 的值小于 3.28 时，GEPU 的上升对 RISK 的影响系数为 0.26；而当 DEBT 的值大于 3.28 时，GEPU 的上升对 RISK 的影响系数增加至 0.37。这说明政府的债务规模大小在一定程度上影响了外部不确定性对本国或地区金融市场抗风险能力的强弱。当政府外债水平相对较低时，表现为政府抗风险能力较强，此时外部不确定性提升对金融市场抗风险能力的影响作用相对较低；而当政府外债水平相对较高时，外部不确定性提升削弱了对本国或地区金融市场抗风险能力，最终有可能引起国际资本流出。表中右列结果显示，尽管存在显著的三重门槛效应（也即存在四个估计区间，本节分别表示为区间 1－4），但区间 1 与区间 3 的门槛参数估计结果并不显著，而区间 2 与区间 3 的门槛参数估计结果显著。具体来看，当 LEV 处于区间 2 内时，GEPU 对 RISK 的影响系数为 －0.2，说明全球经济政策不确定性的上升抑制了外部风险对内部金融市场的溢出效应，而当 LEV 处于区间 4 时，GEPU 对 RISK 的影响系数为 0.09，说明全球经济政策不确定性上升反而弱化了内部金融市场抵抗外部风险的能力。产生这一结果的原因在于，由于私人部门信贷规模与杠杆水平过高，国内流动性相对充裕，此时资产价格对市场变量的敏感度更高，因此在外部不确定性冲击下，内部金融市场抗风险能力可能会减弱（表现为

RISK 值较高)，最终强化极端金融风险溢出效应，并伴随国际资本流出。

表 4－5　　主权债务风险与杠杆风险门槛效应的参数估计结果

解释变量	被解释变量	
	RISK(1)	RISK(2)
GDP	0.3601** (2.46)	0.4013*** (2.78)
CPI	0.2212 (1.08)	0.1302 (0.66)
STOCK	0.9411** (2.15)	0.0941*** (2.09)
GEPU(DEBT <3.280)	0.2623* (1.66)	—
GEPU(DEBT >3.280)	0.3701** (2.23)	—
GEPU(LEV <4.770)	—	0.0100 (1.02)
GEPU(4.770 < LEV <5.256)	—	−0.2002*** (−3.32)
GEPU(5.256 < LEV <6.180)	—	−0.0211 (−0.53)
GEPU(LEV >6.180)	—	0.0919*** (2.66)
R^2	0.26	0.29

三、主权债务风险与宏观杠杆风险的中介效应分析

上文的实证结果显示，一国主权债务风险及宏观杠杆风险的提升虽然都会削弱外部不确定性对内部金融市场抗风险能力，但两者的变化是否对国际资本流动产生影响、极端金融风险溢出效应的变化在其中起到促进还是抑制作用，这两个问题仍有待考证。下一步构建中介效应模型，拟回答上述问题。具体结果见表 4－6。

表 4-6　　主权债务风险与杠杆风险的中介效应估计结果

解释变量	方程（1）	方程（2）	方程（3）	方程（4）
DEBT	-0.377*** (-3.75)	-0.317*** (-3.00)	—	—
DEBT × RISK	—	-0.301* (-1.77)	—	—
LEV	—	—	-0.081* (-1.81)	-0.164*** (-3.37)
LEV × RISK	—	—	—	0.012* (1.73)
RISK	-0.338 (-1.27)	0.961 (1.23)	-0.356 (-1.31)	-0.416 (-1.56)
CPI	-0.246*** (-3.43)	-0.242*** (-3.38)	-0.149** (-2.22)	-0.015** (-2.01)
GDP	0.190*** (5.56)	0.188*** (5.52)	0.022*** (6.26)	-0.005 (-1.20)
SP	-0.147 (-1.20)	-0.167 (-1.37)	-0.021* (-1.75)	0.001 (0.05)
F 值	13.52	11.86	11	2.93

方程（1）结果显示，主权债务风险对国际资本流动产生了显著的负面影响，说明主权债务风险的提升可能会引起国际资本流出；方程（2）在方程（1）的基础上加入了 DEBT 与 RISK 的交乘项，且系数估计结果为 -0.301，说明主权债务风险对国际资本流动的负向作用会随着极端金融风险向内传递效率的提升而进一步强化。这一结果说明，政府应当密切关注主权债务风险与极端金融风险向内传递效率的联动关系，防止两者共同作用所引致的国际资本过快流出。方程（3）与方程（4）反映了宏观杠杆水平、极端金融风险溢出与国际资本流动之间的中介效应。方程（3）结果显示，杠杆风险在 10% 显著性水平下对短期资本流动产生负向影响，说明杠杆风险的提升可能会引发短期资本流出。方程（4）结果表明，杠杆风险与极端金融风险溢出水平的交乘项系数显著为正，表明杠杆风险对短期资本流动的负向作用在极端金融风险水平提升的情况下被减弱了。当杠杆风险水平上升时，如果此时极端金融风险溢出水平同样上升，将会对短期资本流出产生一定的抑制作用，极

端金融风险溢出水平对杠杆风险效应产生了显著的“遮掩”。上述结果表明，政府需要在防范宏观杠杆风险积累的基础上，积极关注极端金融风险向内传递效率的变化，防止短期资本外逃。

第五节　本章小结

本章基于 MVMQ－CAViaR 模型对金融市场极端金融风险溢出水平进行测度，讨论了极端金融风险溢出渠道下全球经济政策不确定性对国际资本流动的影响机制及条件。实证结果表明，内部金融市场抗外部极端金融风险的能力强弱直接决定了全球经济政策不确定性对国际资本流动规模及方向的影响结果。首先，内部金融市场抗风险能力较强时，投资者信心提升，全球经济政策不确定性的上升会对该国金融市场产生避风港效应，从而导致国际资本流入；而内部金融市场抗风险能力较弱时，投资者信心水平下降，最终会导致国际资本流出。其次，当主权债务风险与宏观杠杆风险水平较高时，全球经济政策不确定性上升会导致该国金融市场抵御外部极端金融风险冲击的能力减弱。最后，主权债务风险与宏观杠杆率影响短期资本流动过程中，极端金融风险溢出水平具有显著的中介效应。当主权债务风险提升导致短期资本流出时，极端金融风险由外向内传递效率的提升放大了短期资本流出效果；而当宏观杠杆率提升导致短期资本流出时，极端金融风险由外向内传递效率的提升减弱了短期资本流出效果。

基于以上研究结论，可以得到如下政策启示：第一，主要经济体在制定经济政策时，应避免频繁转变方向与力度，造成全球经济政策不确定性上升，进而引起全球资本流动加剧。第二，中央银行应积极关注外汇市场极端风险向国内金融市场极端风险溢出效应的变化，提前制订应急预案，维持市场参与者信心，防止信心缺失导致的短期资本外逃。第三，政府部门应谨慎扩大外债规模，维持或降低宏观杠杆水平，同时关注极端金融风险溢出程度、主权债务风险和宏观杠杆率之间的联动关系，以应对全球经济政策不确定性提升对短期资本流动带来的负面冲击。

第五章

国际资本流动的宏观经济效应分析

——基于信心渠道下的动态视角分析

第一节 引 言

国际资本流动作为改变全球流动性结构的重要因素，其流动方式及方向的剧烈变化无论对发达经济体还是新兴经济体都会造成高强度冲击。2014 年以来，全球跨境资本流动呈现显著的“逆全球化”特征，主要表现为传统推动因素对国际资本流动的影响程度开始减弱，同时全球资本流动大规模收缩（福布斯和张大川，2014）。特别是近年来全球贸易摩擦凸显、美联储货币政策不确定性逐步上升，全球经济政策不确定性进一步升高，这将加剧这一趋势的确立，诱使各国特别是新兴经济体形成系统性风险积累，造成不可逆的影响。

作为市场化程度和对外开放程度相对较低的新兴经济体，其在面临外部冲击时，往往倾向于通过显性或隐性干预政策，以防止资本异常流动。其中，资本管制、行政审批等显性干预措施可能会影响本国市场经济地位等，而隐性干预对资本流动作用机制目前尚未形成完整的解释。因此，本书通过分析经济政策不确定性上升背景下政府隐性干预如何对资本异常流动产生影响，为决策部门在面临不同的资本异常流动状态时制定相应干预策略提供指导。

本书的创新之处主要包括：第一，以总资本异常流入与流出为研究对象，讨论全球经济政策不确定性对总资本流动产生的结构性影响。第二，通过构建 MVMQ - CAViaR 模型测度金融市场间是否存在极端风险溢出效应，作为判断新兴经济体是否做出隐性市场干预的重要依据。在此基础上，分析全球经济政策不确定性升高情况下新兴经济体隐性市场干预对资本异常流动的影响，从而为各国管理不确定性环境下的资本异常流动提供建议。

第二节 文献综述

跨境资本异常流动问题自 20 世纪 90 年代末开始就受到广泛关注。首先，关注这一问题的学者更加强调净资本流动对一国经济脆弱性的影响。许多学者认为，发达国家的货币政策周期对全球资本流动起到绝对的引导作用（Caballero & Krishnamurthy，2004；李稻葵和梅松，2009）。伴随着全球金融一体化的迅速推进，各国间的资本互动规模迅速扩大，总资本流动对各国宏观经济及流动性影响开始起主导作用（范小云等，2018）。对总资本流动而言，金融脆弱性、信息不对称程度和各国间的经济与货币周期差异是影响其产生异常波动的主要原因（Sula 2010；Rothenberg & Warnock，2011；郑璇，2014）。

其次，近年来，经济政策不确定性成为国内外学术界重点关注的问题。一国经济政策不确定性的上升，通过强化投资者的避险情绪，导致外部投资者减少对该国的投资，同时本国投资者增加对外投资，从而对该国的产出和就业等宏观因素产生负面影响（Bloom，2009；Pastor & Veronesi，2013；林秀梅等，2017；贾玉成和张诚，2018）。对资本流动而言，由发达经济体的经济政策不确定性诱发的全球经济政策不确定性通过影响资本流动对新兴经济体金融市场也会造成影响（Dakhlaoui & Aloui，2016；Julio & Yook，2016），此时发达经济体可发挥自身“避风港”作用，导致流入新兴经济体的短期资本减少（Gauvin et al.，2014）。然而，当全球经济政策不确定性处于高位时，发达经济体的“避风港”作用会有所减弱，国际资本出于逐利的目标，会回流至新兴经济体（谭小芬等，2018）。

最后，新兴经济体为防范国际资本流动的剧烈波动对本国经济造成显著冲击，往往在短期倾向于选择使用显性或隐性干预措施来影响资本流动。其中，以资本管制为代表的显性干预措施容易引发逆向选择和道德风险问题，最终导致政策失效，甚至会进一步降低国内金融体系稳定性（李巍，2010；刘莉亚等，2013）。而针对隐性政府干预，部分学者讨论了托宾税、逆周期因子调节等政策工具的使用及效果（王爱俭和冯超，2018；姜哲等，2019），但其目标更多强调的是汇率的稳定而非资本流动的稳定，因此无法判断这些工具对资本流动异常波动会产生怎样的影响。

梳理相关文献后可以发现：第一，现有文献多关注政策不确定性对资本流动的影响，但对资本异常流动及其结构性问题的研究相对较少；第二，针对政府的干预政策测度问题，大部分研究的视角为通过相应工具直接影响资本流动规模与方向，而基于投资者信心角度的隐性政府干预并没有深入的研究成果。本书认为，政府通过对本国股票市场采取干预措施，能够强化在该国投资的投资者对该国的信心，从而减弱资本流出的异常波动。这不仅填补了基于信心的干预传导机制研究空白，也为政府通过隐性干预手段维持资本流动稳定提供实际证据。

第三节　信心渠道下国际资本流动的变化机理

一、经济政策不确定性对资本本土化倾向的影响

资本本土化倾向，是指一个经济体的本土化资本（包括该经济体内部投资者的资本和外部投资者已投入该经济体的资本）对该经济体产生了较强的投资粘性，即本土化资本不易流出该经济体。资本本土化倾向的主要原因在于，投资者对未来投资机会的选择。实物期权理论认为，投资者对未来投资拥有一种视情况进行决策的权利而非必须履行投资计划的义务，这就使投资灵活性是投资者在不确定性环境下获取收益或限制损失的关键（Myers，1977）。当经济环境处于高不确定性状态、投资收益难以预测时，投资者可以选择延迟、收缩或放弃投资，资本因此表现出本土化倾向。

全球经济政策不确定性上升多由发达经济体主导，这在一定程度上会提升发达市场投资收益的不确定性，而新兴经济体金融体系较为脆弱，外部不确定性容易对其形成溢出，从而增加其金融市场的波动，因此，全球经济政策不确定性上升对发达市场和新兴市场都会造成冲击投资收益的负向效应。此时，尽管所有投资者都可能面临投资收益的不利变动，但由于国界限制，

投资者在进行跨境投资时无法充分受到东道国的法律或政治保护，因此境外投资者对东道国的经济环境更为敏感（Dixit，2011），即所有投资者会认为，不确定性为本国市场带来的负向效应要小于为境外市场带来的负向效应。因此，当全球经济政策不确定性上升时，发达经济体和新兴经济体投资者都可以延迟对外投资，观望外部环境以择机决策，这导致发达经济体和新兴经济体的资本均表现出本土化倾向，即新兴经济体资本流入和资本流出均受到抑制。基于以上分析，本书提出假说 H1。

H1：经济政策不确定性上升时，会导致发达经济体和新兴经济体均产生资本本土化倾向。

二、外部冲击下政府隐性市场干预对资本本土化倾向的影响

当外部冲击导致一国资本波动剧烈时，政府可以通过显性或隐性干预政策对资本流动规模进行调整。显性干预是指政府通过直接或间接手段对资本流动进行管理，包括实行强制性资本管制、选择性审批等。隐性干预是指政府通过对金融系统采取市场干预手段（一般是间接的，如逆周期因子调节）来强化国内投资者信心，从而达到缓和资本剧烈波动的目的。隐性市场干预通过切断国内外市场价格联动机制抑制外部风险向内溢出，使国内市场整体风险水平处于可控状态，产生了控制风险的正向效应。但隐性干预会使当前的资产价格无法有效反映真实市场供需状态，从而可能产生挤出效应，降低预期回报，当资产价格无法成为市场间信息传递的核心要素时，境外投资者也难以根据资产价格波动获取有效信息，跨市场交易产生摩擦，这会成为境外投资者的隐性投资成本，成本上升会继续降低投资收益，因此，隐性市场干预也会产生降低投资收益的负向效应。

主要投资于发达市场的投资者可分为风险偏好型和风险厌恶型。发达市场的强有效性使投资者容易通过多样化投资分散风险，因此，风险厌恶者具有绝对投资粘性，投资方向不受其他因素影响；同时发达市场竞争激烈，获取超额收益的机会少，因此风险偏好者的投资易变性较强，容易因新兴市场的高水平超额收益而改变投资方向。而当新兴经济体存在隐性干预时，干预为风险偏好者带来的降低收益的负向效应超过了控制风险的正向效应，这导致风险偏好者减少对新兴市场的资本流入。在主要投资于新兴市场的投资者

中，风险偏好者由于新兴市场的高收益水平而具有绝对投资粘性，风险厌恶者则容易根据市场风险的变化改变投资方向，而新兴经济体隐性干预带来的控制风险的正向效应强化了风险厌恶者的信心，导致其减少对外投资，从而使新兴经济体资本流出减少。基于以上分析，本书提出假说 H2。

H2：经济政策不确定性上升时，新兴经济体政府隐性市场干预会强化发达经济体和新兴经济体的资本本土化倾向。

第四节 模型设计与数据测算

一、模型设定

为研究全球经济政策不确定性对新兴经济体资本异常流动的影响，分析内、外部投资者基于不同侧重点的投资决策，本书首先构建如下实证模型：

$$Y_{it} = \alpha + \beta_1 GEPU + \beta_2 control_{it} + \varepsilon_{it} \tag{5-1}$$

其中，$Y_{it} = \begin{bmatrix} Y_{it(1)} \\ Y_{it(2)} \\ Y_{it(3)} \\ Y_{it(4)} \end{bmatrix} = \begin{bmatrix} surge_{it} \\ suddenstop_{it} \\ retrenchment_{it} \\ flight_{it} \end{bmatrix}$，是包含激增、中断、撤回和外逃四个被解释变量的列矢量矩阵，被解释变量均为虚拟变量，若第 i 个国家在 t 时期发生相应的资本异常流动，则记为 1，否则记为 0；$control_{it}$ 为所有控制变量，具体变量选取将在下文中进行描述。

进一步，本书引入经济政策不确定性和新兴经济体政府隐性市场干预的交互项，来探究新兴经济体面临的外部不确定性上升时隐性市场干预对资本异常流动的影响。构建如下交互模型：

$$Y_{it} = \alpha + \beta_1 GEPU + \beta_2 GEPU \times GHI_{it} + \beta_3 control_{it} + \varepsilon_{it} \tag{5-2}$$

其中，$GEPU \times GHI$ 为经济政策不确定性和新兴经济体政府隐性市场干预（Government Hidden Intervention）的交互因子。GHI 为虚拟变量，表示新兴经济体是否存在隐性市场干预，用美国股票市场是否对其股票市场产生极端风险溢出效应来衡量。$GHI = 1$，表示产生了显著的极端风险溢出，即新兴经济体政府并未对金融市场做出隐性干预；$GHI=0$，表示未产生极端风险溢出，即政府对金融市场做出了隐性干预。

二、核心变量计算方法与实际测度

（一）资本异常流动的识别

福布斯（Forbes，2012）和沃诺克（Warnock，2012）基于总资本流入和流出数据，首次将资本异常流动分为四类，即激增（总流入突然增加）、中断（总流入急剧减少）、撤回（总流出突然减少）和外逃（总流出大量增加），并通过标准差方式对四种类型的资本异动均做出了界定。本书借鉴这一方法，选取15个新兴经济体[①] 2003—2018年的季度数据，对资本异常流动进行测度。

首先，计算每四个季度总流入的移动平均值，以消除季节性影响，记为 C_t：

$$C_t = \sum_{i=0}^{3} flows_{t-i},\text{其中},t = 1,2,3,\cdots,N \tag{5-3}$$

其次，计算资本流入 C_t 间隔四个季度的差值，记为 ΔC_t：

$$\Delta C_t = C_t - C_{t-4},\text{其中},t = 5,6,7,\cdots,N \tag{5-4}$$

将 ΔC_t 与其过去5年的移动平均值和移动标准差进行比较，用来判断资本流入异常状态。激增持续期以 ΔC_t 超过其对应均值加一个标准差为起始，以 ΔC_t 低于平均值加一个标准差为结束。为体现资本的异常变动，每一激增持续期内必须出现至少一次 ΔC_t 超过均值加两个标准差的情况。中断持续期以 ΔC_t 小于其对应均值减去一个标准差为起始，以 ΔC_t 大于均值减去一个标准差为结束，且持续期内需保证至少有一次 ΔC_t 小于均值减去两个标准差。

资本流出异常状态的指标计算过程和资本流入相同。其判定标准为：撤回持续期以 ΔC_t 小于对应均值减一个标准差为起始，以 ΔC_t 大于均值减一个标准差为结束，且持续期内应出现至少一次 ΔC_t 小于均值减两个标准差；外逃持续期以总流出的 ΔC_t 大于对应均值加一个标准差为起始，以 ΔC_t 小于均

---

① 15个新兴经济体分别为：阿根廷、巴西、智利、中国、哥伦比亚、捷克、印度尼西亚、韩国、马来西亚、墨西哥、菲律宾、波兰、俄罗斯、南非、泰国。

值加一个标准差为结束，且持续期内应出现至少一次 ΔC_t 大于均值加两个标准差。

（二）新兴经济体政府隐性市场干预（GHI）

一般情况下，股票市场作为金融市场中最为活跃及最具代表性的组成部分，能够对外部冲击做出迅速反应。当全球经济政策不确定性升高时，若不存在跨市场交易摩擦，随着市场恐慌情绪的上升，发达经济体股票市场的异常波动或极端风险很容易迅速传导至新兴经济体，造成其股票市场同样出现剧烈波动。如果一国没有受到显著的极端风险溢出，说明该国政府可能采取了隐性市场干预措施以防止本国金融市场出现严重风险（李政等，2018）。因此，本书通过构建季度递归的 MVMQ—CAViaR 模型估测不同样本期发达经济体股票市场极端风险对新兴经济体股票市场是否存在溢出效应，作为判断新兴经济体是否做出隐性市场干预的重要依据。

White 等（2015）构建的 MVMQ—CAViaR 模型，对不同国家股票市场间的极端风险溢出强度进行衡量。发达经济体对各新兴经济体的极端风险溢出强度表达式如下：

$$q_{1(i),t} = c_{1(i)}(\theta) + a_{1(i)1}(\theta)\left|Y_{1(i),t-1}\right| + a_{1(i)2}(\theta)\left|Y_{2,t-1}\right| + b_{1(i)1}(\theta)q_{1(i),t-1} + b_{1(i)2}(\theta)q_{2,t-1} \quad (5-5)$$

其中，$q_{1(i),t}$ 代表第 i 个新兴经济体当期股票市场收益率的 VaR 值，$q_{2,t}$ 代表发达经济体当期股票市场收益率的 VaR 值；$\left|Y_{1(i),t-1}\right|$ 和 $\left|Y_{2,t-1}\right|$ 分别表示新兴经济体和发达经济体前一期股市收益率的绝对值；$(1-\theta)$ 为置信水平，本书取 $\theta=1\%$；系数 $a_{1(i)1}$ 和 $b_{1(i)2}$ 衡量了新兴经济体股票市场极端风险受自身影响的程度，系数 $a_{1(i)2}$ 和 $b_{1(i)2}$ 衡量了发达经济体股票市场极端风险对新兴经济体股票市场极端风险的影响程度。

为考察发达经济体股票市场是否对新兴经济体股票市场产生了显著的极端风险溢出，需要对系数 $a_{1(i)2}$ 和系数 $b_{1(i)2}$ 进行联合显著性检验。构造 Wald 统计量：

$$(R\beta - r)^T\left[R \times VC \times R^T\right]^{-1}(R\beta - r) \xrightarrow{d} \chi^2(q) \quad (5-6)$$

其中，β 是 $m\times1$ 维待估计系数矩阵，R 是 $n\times m$ 维约束矩阵，m 是待估计系数的个数，n 是约束方程的个数，$VC=\frac{1}{T}Q^{-1}VQ^{-1}$，是系数的方差－协方差矩阵，$V = E(\hat{\eta}_t, \hat{\eta}_t^{\ T})$，$\hat{\eta}V_t = \nabla q_{1(i),t}(\theta,\hat{\beta})[\theta - I(Y_{1(i),t} < q_{1(i),t}(\theta,\hat{\beta})]$，$Q = E[f_{1(i),t}(0)\ \nabla q_{1(i),t}\ (\theta,\hat{\beta})^T\ \nabla q_{1(i),t}(\theta,\hat{\beta})]$，$\nabla q_{1(i),t}(\theta,\hat{\beta})$ 是模型梯度，$f_{1(i),t}(0)$ 是条件密度函数在 0 时的值。对于 Wald 统计量，当 $n=2$ 时，可以检测两个市场之间的极端风险溢出方向。此时，若 $R\beta = r$，则说明市场间不存在极端风险溢出。当 Wald 统计量大于 10% 显著性水平的临界值时，表明发达经济体股票市场对第 i 个新兴经济体股票市场存在极端风险溢出；反之，则不存在极端风险溢出情况。根据 Wald 检验是否通过 10% 显著性水平的结果，构建如下虚拟变量指标：

$$GHI = \begin{cases} 0, \text{新兴经济体采取了隐性市场干预措施} \\ 1, \text{新兴经济体未采取隐性市场干预措施} \end{cases}$$

其中，$GHI=0$，表示 Wald 值未通过显著性检验，即发达经济体股票市场极端风险未对新兴经济体股票市场形成溢出效应，可认为新兴经济体采取了有效的隐性市场干预措施；$GHI=1$，表示 Wald 值通过了显著性检验，即发达经济体股票市场极端风险对新兴经济体股票市场形成了溢出效应，即新兴经济体并未采取隐性干预措施（或隐性干预措施不显著）。

数据方面，选取各新兴经济体和发达经济体的股票指数，其中发达经济体股指直接用美国纽交所综合指数作为替代变量。新兴经济体方面，除中国采用沪深 300 指数外，其余 14 个新兴经济体均采用 MSCI 国家指数，所有指数均为日度数据。考虑到节假日不同会造成不同市场非同时交易，对于非相同交易日的数据进行剔除，并将各经济体的股票指数转换为股市收益率进行计算。最终测算出的各国隐性市场干预结果见表 5－1。

表 5－1　　隐性市场干预测算结果

国家	隐性干预存在（$GHI=0$）时期	国家	隐性干预存在（$GHI=0$）时期
阿根廷	2003Q4－2007Q2、2008Q1－2010Q4、2011Q2－2011Q3、2012Q1－2013Q4、2014Q4、2018Q4	巴西	2003Q3－2003Q4、2004Q3－2008Q3、2017Q2
智利	2003Q1、2003Q4－2007Q1、2007Q4－2008Q1、2008Q3－2009Q1、2011Q3、2012Q1、2012Q3－2012Q4、2013Q3、2015Q2	中国	2003Q3－2004Q2、2005Q2、2005Q4、2006Q2、2006Q4、2013Q3、2014Q4－2015Q1、2016Q3、2018Q2－2018Q4

续表

国家	隐性干预存在（*GHI*=0）时期	国家	隐性干预存在（*GHI*=0）时期
哥伦比亚	2003Q1 - 2004Q1、2004Q4 - 2005Q3、2006Q2 - 2007Q2、2009Q1、2009Q4	捷克	2003Q2 - 2003Q3、2005Q1 - 2005Q3、2006Q2、2006Q4、2007Q2 - 2008Q3、2009Q3
印度尼西亚	2004Q2 - 2004Q3、2007Q4	韩国	2003Q1 - 2003Q2、2003Q4、2004Q2 - 2004Q3、2006Q3、2007Q1
马来西亚	2003Q1、2003Q4、2004Q2、2005Q1、2006Q2 - 2007Q2	菲律宾	2003Q1、2006Q2 - 2007Q2、2008Q3 - 2008Q4
墨西哥	2003Q2 - 2004Q1、2004Q3 - 2008Q1、2008Q3、2009Q1、2009Q3 - 2009Q4、2010Q2 - 2011Q2、2011Q4、2013Q1、2014Q2、2016Q2、2017Q3	波兰	2003Q3 - 2007Q4、2009Q1 - 2009Q4、2010Q2、2011Q1、2011Q3、2012Q2 - 2012Q3、2013Q2、2014Q1 - 2014Q2
俄罗斯	2003Q1、2003Q3 - 2003Q4、2004Q2 - 2004Q3、2005Q1 - 2005Q4、2007Q1、2008Q2 - 2008Q3、2015Q3 - 2016Q1、2018Q1 - 2018Q4	南非	2003Q1、2003Q3 - 2003Q4、2004Q4、2007Q1 - 2007Q2
泰国	2005Q1、2008Q2、2009Q1、2010Q2、2011Q3、2012Q1、2012Q3 - 2012Q4、2013Q2、2014Q1、2014Q3		

从表5-1最终测度结果可以发现，各新兴经济体在样本期内都存在一定程度的隐性政策干预情况，而从地域分布情况来看也存在一定的规律。21世纪初拉美国家隐性干预情况较为常见，如阿根廷2003年4季度至2010年4季度、巴西2003年3季度至2008年3季度、智利2003年1季度至2009年1季度、哥伦比亚2003年1季度至2007年2季度等，均出现较高频率的隐性市场干预，这可能与当时拉美国家在逐步放开爬行盯住汇率制度背景下，外部冲击对国内造成了负面影响有关；亚洲国家（包括马来西亚、印度尼西亚、菲律宾和泰国等）的隐性干预市场行为更多发生在次贷危机前后，说明由次贷危机引发的全球金融危机对这些经济体可能造成了巨大的影响。为防止国内经济受外部冲击波动过大，亚洲国家可能采取了相应的隐性干预措施。其余国家同样基于本国的实际情况做出了相应的隐性市场干预行为。

从实践角度出发，由于隐性市场干预行为强调通过市场机制对资本流动产生直接或间接影响，因此放弃长期目标而维持短期目标稳定的货币政策、针对金融市场系统性风险的宏观审慎政策以及直接针对金融市场的数量及价格型管理工具均可以归类为隐性市场干预。为验证本书测度的隐形市场干预行为的合理性与真实性，本书进一步对测度结果与现实情况进行比较。表5-2列出了部分新兴经济体采取的主要隐性市场干预措施，对比该指标的实证测算结果，尽管一些措施的效果可能存在时间上的滞后性，但总体而言，实践经验与测算结果基本吻合。因此该指标可以作为政府是否做出隐性市场干预的替代性指标。

表5-2　　部分国家的主要隐性干预措施

措施类型	国家	时间	具体措施
数量型工具	哥伦比亚	2007年	规定国内银行外汇衍生品总头寸不得超过其资本的5倍
	阿根廷	2010年6月	规定个人或企业每年购买外汇超过25万美元的，须提供相关的收入和财产证明
	中国	2014年11月	建立跨境双向人民币资金池，规定跨境资金流入上限为应计所有者权益与宏观审慎政策系数的乘积
价格型工具	韩国	2007年	对境内信托公司和投资公司境外股票投资产生的资本利得，暂免3年税
	巴西	2008年3月	对外资固收投资征收1.5%的金融交易税
	俄罗斯	2015年1月	对本国居民控制的海外企业和信托报告的利润征收13%的税款
	阿根廷	2005年6月	将外国投资总额的30%计提为无息准备金
	哥伦比亚	2007年5月	将期限小于18个月的外债的47%计提为无息准备金
宏观审慎措施	韩国	2002年	引入贷款价值比（LTV）上限
	泰国	2011—2012年	两次上调LTV上限
	多数经济体	2005—2007年	普遍加强宏观审慎监管
	墨西哥	2009年	采取稳定金融市场、缓解就业压力等多项刺激措施
	阿根廷	2010年2月	成立货币、汇率和金融政策协调委员会，以维护金融市场稳定
货币政策	印度尼西亚	2004年	降息
	俄罗斯	2004—2006年	提高存贷款利率和存款准备金
	韩国	2006年	收紧货币政策
	马来西亚	2006年	调升利率
	菲律宾	2006年、2008年Q2	调升利率
	阿根廷	2012年	扩张性货币政策
其他措施	拉美国家21世纪初期；东欧国家2008年以前		

资料来源：各国中央银行官网与国际货币基金组织官网。

三、其他变量选取与数据来源

（一）外部不确定性：全球经济政策不确定性（*GEPU*）

由于经济政策不确定性无法直接度量，因此早期研究中对于代理变量的选取有所不同。Baker 等（2013）从报纸新闻、税法条款清单和专业人员预测三方面收集信息，合成了美国和欧盟的经济政策不确定性指数，并于2016年用相同方法合成了更多国家的经济政策不确定性指数及全球经济政策不确定性指数。本书直接使用 Baker et al.（2016）构建的全球经济政策不确定性指数来衡量新兴经济体面临的外部不确定性，记为 *GEPU*。

（二）控制变量

鉴于资本异常流动也会受到诸多基本面因素的影响，本书在模型中加入以下控制变量（见表5-3）：（1）国内经济增长率（*DGDP*）。经济增长率可以准确衡量一国经济发展状况，经济增长率高说明国内经济运行状态，同时也可以作为投资者进行宏观经济基本面判断的重要依据。（2）利差（*IR*）。新兴经济体和发达经济体的利率差异会影响投资收益，当发达经济体利率低于新兴经济体时，国际资本更可能流入新兴经济体。（3）通货膨胀水平（*CPI*）。一国发生通货膨胀时，本币的实际购买力降低，这会使本国出口商品的国际竞争力降低，从而导致出口减少、进口增加，资本流入减少。（4）汇率水平（*LNEX*）。东道国货币升值时，投资者会继续对其产生升值预期，因而将更多资金投入该国；相反，本币贬值时，投资者会将资金撤出以避免损失。（5）金融稳定性（*CTG*）。金融稳定有利于投资者对投资收益形成良好预期，使资本流动保持稳定。本书用私人部门信贷总额占GDP的比重来衡量一国的金融稳定性，信贷规模过大会导致信贷泡沫的形成，进而降低金融稳定性（刘粮和陈雷，2018）。（6）金融开放程度（*KAOPEN*）。本书选用齐恩（Chinn，2006）和伊藤（Ito，2006）提出的KAOPEN指数衡量金融开放程度，该指数数值越高，代表一国金融开放程度越高。

表 5－3　　变量定义及数据来源

变量名称		符号	变量定义	基础数据来源
资本异常流动	激增	*Surge*	发生记为 1，不发生记为 0	IMF 的 IFS 数据库
	中断	*Suddenstop*	发生记为 1，不发生记为 0	
	撤回	*Retrenchment*	发生记为 1，不发生 F 记为 0	
	外逃	*Flight*	发生记为 1，不发生记为 0	
全球经济政策不确定性		*GEPU*	GEPU 指数	http：//www. policyuncertainty. com
政府隐性干预程度		*GHI*	未干预记为 1，干预记为 0	Wind 数据库、Choice 数据库
经济增长率		*DGDP*	各经济体同比实际 GDP 增长率（%）	IFS 数据库
利差		*IR*	各经济体货币市场利率和美国联邦基金利率的差值（%）	IFS 数据库
通货膨胀水平		*CPI*	CPI 同比增长率（%）	国际清算银行 BIS 数据库
汇率水平		*LNEX*	实际有效汇率取对数	BIS 数据库
金融稳定性		*CTG*	私人部门信贷占 GDP 比重（%）	BIS 数据库
金融开放程度		*KAOPEN*	KAOPEN 指数	http：//web. pdx. edu/～ito/Chinn－Ito_website. htm

第五节　实证结果分析

一、实证设计及检验

由于本书的被解释变量均为 0－1 虚拟变量，因此应选择二值选择模型进行回归。在二值选择模型中，probit 模型的随机误差项需服从标准正态分布，logit 模型则不需要严格的假设条件，其应用范围更加广泛。因此，本书选择面板数据 logit 模型进行回归。

首先，检验各解释变量之间是否存在多重共线性。表 5－4 报告了各变量的方差膨胀因子（VIF）。结果显示，各解释变量的 VIF 值均小于 5，说明模型不存在多重共线性问题，可进一步分析。

表 5－4　　　　主要变量的方差膨胀因子

变量	VIF	1/VIF
GEPU	4.97	0.201274
GEPU×GHI	4.60	0.217186
DGDP	1.39	0.719701
IR	2.81	0.355494
CPI	2.19	0.457484
LNEX	1.30	0.767232
CTG	1.45	0.687836
KAOPEN	1.19	0.838745
Mean VIF	2.49	

其次，运用 Fisher－ADF 方法对面板数据进行单位根检验。表 5－5 结果显示，所有变量均不存在单位根问题。此外，对 *GEPU* 进行 ADF 检验，结果在 10% 显著性水平下拒绝存在单位根的原假设。因此，数据均为平稳序列，可以进一步进行回归分析。

表 5－5　　　　Fisher－ADF 单位根检验结果

变量	卡方值	P 值	检验结果
GEPU×GHI	362.312***	0.0000	平稳
DGDP	199.795***	0.0000	平稳
IR	104.872***	0.0000	平稳
CPI	140.457***	0.0000	平稳
LNEX	110.433***	0.0000	平稳
CTG	84.539***	0.0000	平稳
KAOPEN	105.712***	0.0000	平稳

注：*、**、*** 分别表示检验统计量在 10%、5% 和 1% 水平上统计显著。

二、全球经济政策不确定性对资本异常流动的结构性影响

我们先对未加入交互项的模型（5－1）进行回归，以分析经济政策不确

定性对被解释变量的影响。回归结果如表 5－6 所示。

表 5－6　　总资本异常流动回归结果

	(1) 激增 (*Surge*)	(2) 中断 (*Suddenstop*)	(3) 撤回 (*Retrenchment*)	(4) 外逃 (*Flight*)
GEPU	－0.0059 *** (－3.08)	0.0039 ** (2.44)	0.0056 *** (3.74)	－0.0076 *** (－4.05)
DGDP	0.2968 *** (7.48)	－0.3241 *** (－8.70)	－0.1450 *** (－5.18)	0.1087 *** (3.42)
IR	0.0673 ** (2.15)	－0.0108 (－0.34)	0.0222 (0.85)	0.0349 (1.16)
CPI	0.0625 ** (2.07)	－0.0520 * (－1.65)	－0.0088 (－0.36)	0.0290 (1.08)
LNEX	2.0352 *** (2.92)	－0.6340 (－0.94)	1.3864 ** (2.31)	1.8020 *** (2.68)
CTG	0.0007 (0.20)	0.0044 (1.48)	0.0025 (1.30)	0.0017 (0.62)
KAOPEN	0.2512 ** (2.11)	－0.2106 ** (－2.02)	－0.0175 (－0.24)	－0.0399 (－0.37)
_cons	－11.3146 *** (－3.52)	3.2237 (1.04)	－7.1209 *** (－2.60)	－9.0658 *** (－2.94)

注：括号内为 z 值，*、**、*** 分别表示检验统计量在 10%、5% 和 1% 水平上统计显著。

表中方程（1）、方程（2）显示了 *GEPU* 对新兴经济体资本流入异常波动的影响。其中，方程（1）说明，*GEPU* 上升会显著降低新兴经济体发生资本流入激增的概率；方程（2）说明，*GEPU* 上升会显著增加发生资本流入中断的概率。方程（1）、方程（2）说明，全球经济政策不确定性的上升会弱化发达经济体所在国投资者对新兴经济体的投资倾向，使发达经济体产生资本本土化倾向，对资本流入新兴经济体产生显著的负面影响。

方程（3）、方程（4）显示了 *GEPU* 对新兴经济体资本流出异常的影响。可以看出，*GEPU* 上升会显著增加资本流出撤回的倾向，同时显著降低资本外逃的倾向。方程（3）、方程（4）说明，全球经济政策不确定性的上升弱化了新兴经济体所在国投资者向外投资的倾向，增加了新兴经济体资本本土化倾向，从而对资本流出同样产生显著的负面影响。方程（1）－方程(4)说明，当不确定性上升时，所有投资者都更倾向于持观望态度。由于不确定性对任一个经济体的投资收益都可能造成冲击，投资者会推迟自己的投资决策，最终表现为“资本本土化倾向”，即外部投资者减少对新兴经济体的资本流入，同时内部投资者减少对新兴经济体的资本流出。

三、全球经济政策不确定性和新兴经济体政府隐性市场干预的交互分析

进一步，我们加入经济政策不确定性和政府隐性市场干预的交互项，对含交互项方程进行回归，以探讨发生外部冲击时，新兴经济体政府隐性市场干预对资本流动的结构性影响。回归结果如表 5－7 所示。

表 5－7　　总资本异常流动交互模型回归结果

	(5) 激增 (*Surge*)	(6) 中断 (*Suddenstop*)	(7) 撤回 (*Retrenchment*)	(8) 外逃 (*Flight*)
GEPU	-0.0126*** (-3.38)	0.0130*** (3.47)	0.0068** (2.06)	-0.0128*** (-3.63)
GEPU×GHI	0.0086** (2.10)	-0.0112*** (-2.73)	-0.0015 (-0.40)	0.0068* (1.74)
DGDP	0.2960*** (7.42)	-0.3186*** (-8.55)	-0.1445*** (-5.16)	0.1081*** (3.38)
IR	0.0741** (2.34)	-0.0168 (-0.53)	0.0215 (0.81)	0.0406 (1.32)
CPI	0.0613** (2.02)	-0.0499 (-1.58)	-0.0087 (-0.35)	0.0287 (1.06)
LNEX	2.1471*** (3.04)	-0.7131 (-1.05)	1.3785** (2.29)	1.8889*** (2.76)
CTG	0.0015 (0.43)	0.0035 (1.18)	0.0024 (1.24)	0.0022 (0.79)
KAOPEN	0.2409** (2.01)	-0.1945* (-1.86)	-0.0151 (-0.20)	-0.0577 (-0.51)
_cons	-11.1533*** (-3.44)	2.6040 (0.83)	-7.2104*** (-2.62)	-8.9373*** (-2.86)

注：括号内为 z 值，*、**、*** 分别表示检验统计量在 10%、5% 和 1% 水平上统计显著。

表5－7中的方程（5）、方程（6）为交互项对新兴经济体资本流入异常波动的影响结果。可以看出，*GEPU*升高时，新兴经济体采取隐性干预措施会减小资本流入激增的可能性，增加资本流入中断的可能性。隐性市场干预：一方面产生了控制国内风险、强化境内投资者信心的正向效应；另一方面，也可能提高隐性交易成本，产生降低净投资收入的负向效应。发达市场平均抗风险能力强但平均收益较低，因此在主要投资于发达市场的投资者中，风险厌恶者具有绝对投资粘性，风险偏好者则容易根据投资收益改变投资方向。新兴经济体隐性市场干预所产生的降低超额收益的负向效应减弱了外部风险偏好者对新兴市场的投资意愿，导致新兴经济体资本流入激增概率降低、中断概率上升。

表5－7中的方程（7）、方程（8）为交互项对新兴经济体资本流出异常波动的影响结果。从方程（8）的结果可以看出，*GEPU*升高时，新兴经济体的隐性市场干预会显著降低资本外逃的可能性。新兴市场存在获取超额收益的机会但整体风险水平较高，因此在主要投资于新兴市场的投资者中，风险偏好者具有绝对投资粘性，风险厌恶者则具有投资易变性。经济政策不确定性上升时新兴经济体外部风险难以预测，而隐性市场干预使内部风险得到控制，这强化了境内风险厌恶者的信心，导致其减少对外投资，即新兴经济体发生资本外逃的概率降低。然而，方程（7）结果表明，隐性干预对资本流出撤回的作用不显著，这可能是由于在新兴经济体的各类型资本流出中，直接投资占比相对较大，而直接投资期限较长且比较稳定，短期内不易发生逆转，因而削弱了政府隐性干预对资本流出撤回的影响。

四、政府隐性干预对不同类型资本流动的影响差异

为进一步探寻经济政策不确定性和政府隐性干预的交互项对不同期限资本流动的影响是否存在差异，本书将总资本流动区分为长期投资和短期投资分别进行回归，其中，直接投资代表长期投资，证券投资和其他投资代表短期投资。回归结果如表5－8所示。

表5－8中每种资本异常流动的第一列均为长期资本流动的回归结果。可以看出，除资本流出外逃以外，其余长期资本异常流动的交互项系数都不显著，即当*GEPU*上升时，新兴经济体政府隐性干预不会显著增加长期资本异

常波动的概率。主要原因在于，一方面，直接投资期限长且比较稳定，不易受到短期市场波动的影响，因此隐性市场干预对直接投资的影响较小；另一方面，即使直接投资受到了短期市场波动的影响，投资者也碍于较高交易成本而无法撤回。基于上述结果，政府隐性市场干预对新兴经济体跨境资本异常波动影响不大。

表5-8　不同期限资本异常流动回归结果

	激增（*Surge*）		中断（*Suddenstop*）		撤回（*Retrenchment*）		外逃（*Flight*）	
	长期	短期	长期	短期	长期	短期	长期	短期
GEPU	-0.0109 ** (-2.56)	-0.0097 *** (-2.84)	0.0023 (0.69)	0.0098 *** (2.75)	0.0106 ** (2.20)	0.0026 (0.77)	-0.0131 *** (-3.54)	-0.0151 *** (-4.47)
GEPU × GHI	0.0073 (1.31)	0.0060 * (1.93)	-0.0047 (-1.28)	-0.0092 ** (-2.35)	-0.0057 (-1.15)	-0.0009 (-0.23)	0.0087 ** (2.14)	0.0113 *** (2.96)
DGDP	0.1673 *** (3.42)	0.1600 *** (7.40)	-0.1877 *** (-6.02)	-0.2540 *** (-7.52)	-0.0851 *** (-2.92)	-0.1221 *** (-4.07)	0.1250 *** (3.75)	0.0637 ** (2.14)
IR	0.0326 (0.84)	0.0465 (1.05)	0.0704 ** (2.40)	-0.0427 (-1.42)	0.0657 * (1.72)	0.0232 (0.87)	-0.0317 (-1.00)	0.0353 (1.28)
CPI	0.0112 (0.26)	0.0300 (0.45)	-0.0947 *** (-3.23)	0.0152 (-0.50)	-0.1010 * (-1.76)	0.0085 (0.33)	0.1109 *** (3.33)	0.0087 (0.32)
LNEX	-0.6870 (-0.71)	1.3093 (1.55)	-0.5760 (-0.90)	0.0366 (0.06)	-0.6006 (-0.58)	1.7941 *** (2.87)	1.5764 ** (2.16)	0.8773 (1.48)
CTG	-0.0034 (-0.97)	0.0003 (0.14)	0.0055 * (1.80)	0.0047 * (1.73)	0.0051 (1.46)	0.0016 (0.68)	-0.0038 (-0.86)	0.0027 (1.33)
KAOPEN	0.1133 (0.83)	0.0854 (0.68)	-0.0869 (-0.86)	-0.0842 (-0.88)	-0.000003 (-0.00)	-0.0498 (-0.50)	-0.0433 (-0.36)	0.0113 (0.13)
_cons	2.3324 (0.50)	-6.4633 (-1.63)	2.9984 (1.02)	-1.1579 (-0.38)	1.3114 (0.26)	-8.8529 *** (-3.09)	-7.2697 ** (-2.18)	-3.7513 (-1.38)

注：括号内为z值，*、**、*** 分别表示检验统计量在10%、5%和1%水平上统计显著。

表5-8中每种资本异常流动的第二列均为短期资本流动的回归结果。除资本流出撤回以外，其他短期资本异常流动的交互项系数均显著，且与总资本异常流动的交互项系数符号相同。这说明，当*GEPU*提高时，短期资本流动更易受到隐性干预的影响。短期市场的投资期限灵活，投资者更易将资金快速变现，因此当新兴经济体面临外部冲击时，投资者的恐慌情绪会首先在

期限较短的金融市场暴发，引致市场波动加剧。如果政府为稳定国内市场而进行隐性干预，将会对短期投资带来更加显著的影响。资本流出撤回方程的交互项系数不显著，这和新兴经济体短期投资的规模相对较小存在一定关联性。

五、稳健性检验

为使结果更加稳健，本书采用美国经济政策不确定性指数（记为 *UEPU*）作为全球经济政策不确定性的工具变量进行检验，回归结果见表 5－9。从结果可以看出，关键变量的符号未发生变化并且显著，因此结论比较稳健。

表 5－9　稳健性检验结果

	激增 (*Surge*)	中断 (*Suddenstop*)	撤回 (*Retrenchment*)	外逃 (*Flight*)
UEPU	－0.0087** (－1.99)	0.0140*** (3.19)	0.0065* (1.66)	－0.0091*** (－2.20)
UEPU×GHI	0.0082* (1.60)	－0.0103** (－1.99)	－0.0057 (－1.22)	0.0091* (1.86)
DGDP	0.3171*** (7.98)	－0.3295*** (－8.86)	－0.1587*** (－5.52)	0.1347*** (4.16)
IR	0.0602* (1.88)	－0.0222 (－0.69)	0.0272 (1.01)	0.0286 (0.90)
CPI	0.0620* (2.02)	－0.0444 (－1.39)	－0.0108 (－0.43)	0.0291 (1.04)
LNEX	2.0352*** (2.83)	－1.0529 (－1.51)	1.2389** (2.01)	1.8714*** (2.62)
CTG	－0.0016 (－0.49)	0.0058* (1.92)	0.0041* (1.95)	－0.0018 (－0.49)
KAOPEN	0.2392** (2.01)	－0.1962* (－1.86)	－0.0054 (－0.07)	－0.0991 (－0.77)
_cons	－10.9150*** (－3.31)	3.9286 (1.23)	－6.5824** (－2.35)	－9.0625*** (－2.80)

注：括号内为 z 值，*、**、*** 分别表示检验统计量在 10%、5% 和 1% 水平上统计显著。

第六节　本章小结

本书选取15个新兴经济体2003—2018年的季度总资本流动数据，探究了全球经济政策不确定性以及在该环境下新兴经济体政府隐性市场干预对新兴经济体资本异常流动的影响。结果发现：第一，全球经济政策不确定性上升会导致新兴经济体和发达经济体均产生资本本土化倾向，使新兴经济体出现资本异常流出和异常流入规模的减少；第二，当全球经济政策不确定性上升时，新兴经济体政府隐性市场干预会强化资本本土化倾向，表现为隐性干预通过控制国内风险会强化国内投资者信心，从而减弱资本外逃倾向，同时通过降低国内市场超额收益减弱境外投资者对本国的投资意愿，从而弱化资本激增倾向；第三，从投资期限角度来看，政府隐性市场干预对总资本流动的影响在短期更加显著。

第六章

逆全球化冲击下国际资本流动对我国资产价格的冲击效应分析

逆全球化背景下，国际恐慌情绪对国际资本流动的影响作用愈发明显。各国资本市场一旦受到外部极端金融风险的影响，可能会扰动国际投资者的敏感情绪，进而改变投资策略，最终引发大规模国际资本流动。然而，不同环境下国际资本流动对各国的资本市场会产生怎样的影响，目前学术界存在一定的争议。部分学者认为，国际资本流动的变化对国内资产价格的影响存在显著的短期作用，长期会经由替代效应而抵消；另一部分学者强调，当国际资本流动对国内资产价格产生短期扰动后，可能会使资产价格偏离长期均衡状态，甚至引发市场“羊群效应”，进而引起更为严重的金融危机。实际上，不同的时点状态由于环境的变化，货币政策变化所引起的国际资本流动可能对国内资产价格的变化具有异质性。本章通过构建 TVP－SV－VAR 模型，重点讨论这一传导机制在不同时点下的异质性效应，为我国国际资本流动变化的判断与监管提供实证依据。

第一节　文献综述

目前，学术界对国际资本流动、汇率以及资产价格之间的关系研究成果颇丰，但无论是理论还是实证均存在显著差异。大部分学者是以汇率为媒介讨论了国际资本流动对资产价格的影响。宋勃和高波（2007）分析了国际资本流动与房价之间的关系，并在这中间讨论了通胀效应：短期来看，房地产价格的上涨吸引了外资流入，而长期来看则外资流入是引起房地产价格上涨的原因。陈浪南、陈云（2009）利用 ARDL－ECM 模型讨论了人民币汇率、资产价格与我国短期资本流动之间的关联性。朱孟楠和刘林（2010）利用向量自回归模型分析了我国短期资本流动与汇率、股票价格以及房地产价格之间的动态关系。赵文胜、张屹山和赵杨（2011）通过分析国际资本流动对房地产价格及股票价格的影响，发现其对房地产价格的反应程度最显著，而对股票价格反应较弱。赵进文、张敬思（2013）同样利用向量自回归模型分析了我国人民币汇率、短期资本流动、货币供给以及股票价格之间的动态关系，发现各变量之间联系显著。杨冬和张月红（2014）则利用非线性模型，分析了“7·21”汇改以来人民币实际汇率、短期资本流动与资产价格之间的关系，发现三者之间非线性关系显著。夏金娇（2018）从汇率角度分析，人民币预期升值以及国内外利差增加都会引起短期国际资本流入，继而推高国内股价和房价，且股价的变动更易受到短期国际资本流动的影响。

部分学者从不同的经济体角度分析资本流动对不同国家的资产价格的影响。崔远、王莉、马丹（2019）从不同角度出发，讨论了短期资本流动对股票指数的冲击，发现越发达经济体开放程度高，短期资本流动对资产价格影响越小。马宇、李肖肖（2019）强调，无论是发达国家还是发展中国家，国际资本流出都会导致房地产价格下跌，但同样条件下发展中国家下跌的幅度更大。在利率视角方面，张谊、浩裴平和方先明（2007）构建了基于利率、汇率和通胀的三重套利模型，对中国的短期国际资本流入及其动机进行实证研究，并证明了中国的短期国际资本流入总量与国内外利率缺口具有显著的正向关系。陈创练、姚树洁、郑挺国、欧璟华（2017）从理论上分析了国际资本流动与利率、汇率之间的时变和互动关系，并采用时变参数向量自回归模型实证分析了三者之间的时变动态关系。

总之，在研究短期国际资本流动、汇率和资产价格关系方面，许多学者做出了重要的贡献，但是对于利率的媒介研究分析较少。本书借助已有的文献基础，在传统的脉冲响应函数（VAR）理论模型基础上，偿试建立随机波动时变参数向量自回归模型，专门探讨短期国际资本流动、利率与资产价格动态关系。

第二节　国际资本流动的宏观经济效应分析

国际资本影响不同类型资产价格路径不同。本章以银行间同业拆借利率为中介分析短期国际资本对资产价格的影响，以股票指数和房地产价格指数为资产价格标的。具体的影响路径如图6－1所示：

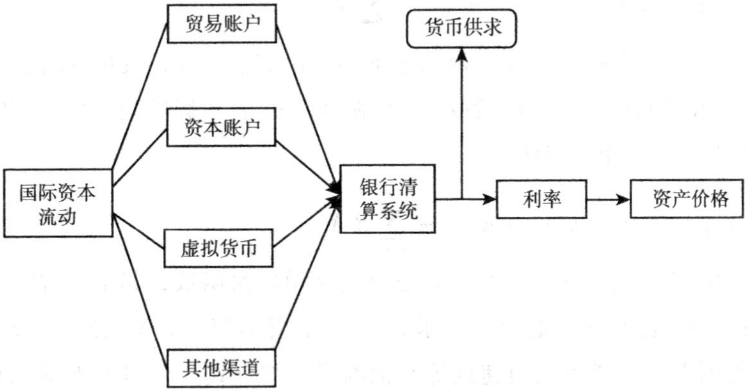

图6－1 国际资本流动影响资产价格的传导机制

一般情况下国际资本会通过贸易账户、资本账户、虚拟货币和其他渠道等进入国内市场。由于大额资金交易往往会通过银行系统实现（不经过银行的大额资金交易或转移具有较高的隐性成本），因此国际资本的流入或流出必然会改变银行市场的资金供需状态，影响银行间利率水平，最终对股票市场和房地产市场产生影响。股票市场方面，尽管银行不可以直接进行股票投资，但银行间市场利率往往是投资者进行投资时需要参考的重要机会成本指标：当利率水平上升时，投资者投资股票的机会成本随之上升，一旦股票预期收益无法超过机会成本则会减少股票投资，将资金投资于银行系统，最终导致股价下跌；反之，当利率水平下降时，投资者投资股票的机会成本随之下降，投资股票的预期收益必然也会上升，因此股票需求提高，最终导致股价上升。

国际资本流动对房地产价格的影响相对复杂，需要从供给与需求两个方面进行考虑。需求方面，当利率水平上升时，房地产投资成本上升，将会减少购房需求，房价下跌；而供给方面，利率水平上升同样会提升房地产企业的融资成本，从而减少房地产供给，在需求不变的情况下房价会上涨。因此，国际资本流动对房地产价格的影响取决于供给与需求双方之间的相对力量，若供给弹性高于需求弹性，则国际资本流动主要受供给端影响；若供给弹性低于需求弹性，则国际资本流动主要受需求端影响。

总体来看，国际资本流动对资产价格的影响传导机制进一步可以视为货币供给和需求的均衡，用公式表示为：

$$M_d = \alpha + \alpha_1 S_d + \alpha_2 F_d + \alpha_3 C_d + \sum_{n=1}^{\infty} \alpha_n X_n \tag{6-1}$$

式（6－1）表示的是在均衡状态下的货币需求函数，其中 S_d 表示股票需求，F_d 表示房地产需求，C_d 表示资本流出，X_n 表示影响货币需求的其他因素，如居民收入、预防动机等。

$$M_s = \beta + \beta_1 S_s + \beta_2 F_s + \beta_3 C_s + \sum_{n=1}^{\infty} \beta_n X_n \tag{6-2}$$

式（6－2）表示的是在均衡状态下的货币供给函数，其中 S_s 表示对股票的需求函，F_s 表示对房地产的需求，C_s 表示资本流入，X_n 表示影响货币供给的其他因素，如货币流通速度等其他因素。结合式（6－1）与式（6－2），可以得到货币供需的均衡状态，并对均衡状态求利率偏导可得：

$$\left(\beta_1 \frac{\partial S_s}{\partial S_i} - \alpha_1 \frac{\partial S_d}{\partial S_i}\right) + \left(\beta_2 \frac{\partial F_S}{\partial S_i} - \alpha_2 \frac{\partial F_d}{\partial S_i}\right) + \left(\beta_3 \frac{\partial C_S}{\partial S_i} - \alpha_3 \frac{\partial C_d}{\partial S_i}\right) = \alpha - \beta \tag{6-3}$$

式（6－3）中，S_i 表示利率水平。从式（6－3）中可以发现，国际资本流动、利率水平以及资产价格之间的关系无法直接确定，即在不同状态下可能存在不同的正负性和程度的影响，需要对不同状态时点进行深入讨论。

第三节　数据筛选与平稳性检验

考虑到资金量会通过影响利率进一步传导到资产价格上，因此本书主要选择房地产市场价格、股票指数、短期国际资本流动和利率作为脉冲响应分析的因子，选用 TVP－SV－VAR 进行检验分析。数据区间选择为 2000 年 1 月至 2019 年 12 月的季度数据。其中，房地产市场价格选择的是统计局公布的商品房累计交易价格除以商品房累计交易面积所得。股票指数选择的是上海证券交易所公布的日数据进行 30 日移动平均处理。利率指标选择的是国内银行间同业拆借利率，进行算数平均转化为季度数据。所有数据来源于国家统计局官网和 Wind 数据库。

短期国际资本，又称为“热钱”，主要通过资本项目、外商直接投资

(FDI)、短期外债和地下钱庄等途径流入境内。自2000年我国加入WTO以来，经常项目的顺差额不断提高，一方面是开放带来的经济发展顺差提升，另一方面是不可避免地存在的关联交易和虚假交易虚增交易额，汇入和汇出外汇资金。通过贸易账户的短期资本监管难度大且检测成本高。短期国际资本的进入渠道还包括地下钱庄等非法渠道。随着近些年科技的进步，给数字化货币发展带来空间（比特币、莱特币和以太坊等），进而推动了地下钱庄等非法第三方交易的规模壮大。张珂（2010）等以国家外汇管理局和第三方新浪网站的报道数据为基准，以6个月为时限算术平均计算出地下钱庄的“热钱”规模。同时以国家外汇储备管理局官方网站公布的打击地下钱庄和非法外汇交易的数据为准，按月度计算非法流入的热钱规模。其中，涉及时间跨度的，将各期值按当期汇率换算成外币后，用算数平均法平摊至各月，但数据的观测偏差较大，结果相对不稳定。

本章在测算国际资本流动时，将非贸易及FDI的资本流动作为代理变量。具体计算公式为：非贸易及FDI资本流动 = 外汇储备增加额 - 净出口额。国际资本流动大于0，表示国际资本净流入；反之，表示国际资本净流出。TVP - SV - VAR是在VAR模型的基础上衍生变化的，因此也要求对脉冲分析的因素的数据进一步处理和平稳性检验。国际资本流动（S1）、利率（S2）、股票市场（S3）、房地产市场（S4）具体的处理方式和平稳性检验结果如表6-1所示：

表6-1　变量的稳健性检验结果

变量	检验	ADF/PP值	1%临界	5%临界	10%临界	P值	结论
S1	(C, T, 0)	-3.716	-3.539	-2.907	-2.588	0.0039***	平稳
S2	(C, T, 0)	-2.708	-3.539	-2.907	-2.588	0.0726*	平稳
S3	(C, T, 0)	-5.030	-3.541	-2.90	-2.589	0.0000***	平稳
S4	(C, T, 0)	-12.338	-3.541	-2.908	-2.589	0.0000***	平稳

注：*、**、***分别表示在1%、5%和10%显著性水平下拒绝原假设的概率，后文相同。

第四节　基于股票价格的时变模型实证分析

一、变量与模型的稳定性检验结果

考虑到数据为季度数据，同时根据AIC和SBIC信息准则的检验结果最后判断为1阶滞后。根据AIC和相关的信息准则确定阶数，有一定的浮动区间可以自由选择。如果滞后阶数过于大，会消除相互之间的因素，综合考虑后本书选择1阶作为模型的基础。在此基础上对TVP-SV-VAR模型进行模型的稳定性检验，具体结果见表6-2、图6-2。

表6-2　变量的相关指标稳定性检验结果

Parameter	Mean	Stdev	95%U	95%L	Geweke	Inef.
sb1	0.0023	0.0003	0.0018	0.0028	0.726	5.60
sb2	0.0023	0.0003	0.0018	0.0028	0.905	3.56
sa1	0.0057	0.0017	0.0034	0.0099	0.696	19.65
sa2	0.0054	0.0015	0.0033	0.0091	0.741	16.72
sh1	0.2121	0.0621	0.1138	0.3541	0.644	27.32
sh2	0.2154	0.0707	0.1078	0.3813	0.138	56.44

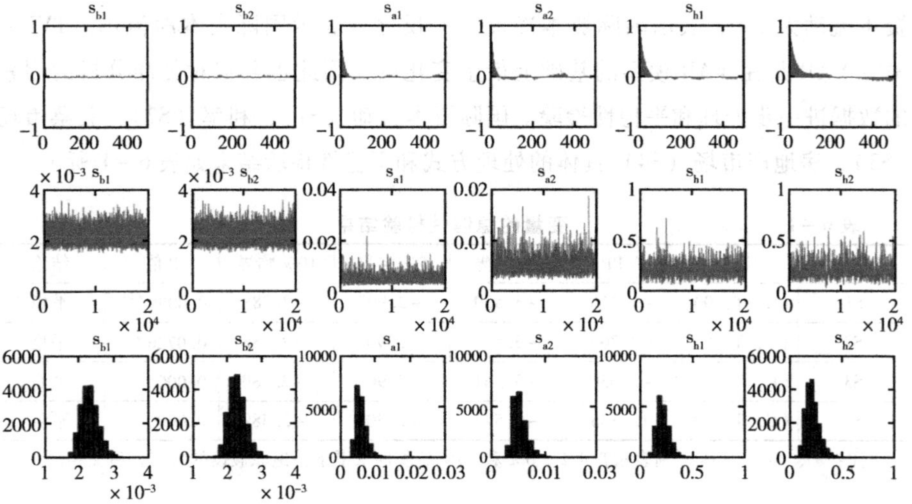

图6-2　经抽样的模型稳定性检验结果

在模型估计过程中，设定MCMC的抽样次数为20000，舍去前10%（共2000次）的预烧（burn in）抽样，最终得到抽样过程中的自相关系数、模拟路径和后验分布密度函数（见图6-2）。由图6-2可知，在剔除预烧样本后，其自相关性逐步减少，并趋近于0，而样本的模拟路径呈现出明显的波动聚类特征，说明MCMC过程有效模拟了参数的分布情况。

图 6－2 中第一行显示的是样本自相关性，可以看出从高值迅速到达低值，表示其自相关性减弱；图 6－2 中第二行，上下波动，很少出现极端异常数据值，表明其模拟路径是平稳的。图 6－2 中第三行的后验分布密度大体呈现正态分布。表 6－2 的检验结果，Geweke 检验估计值均低于 5% 显著性水平的临界值 1.96，因此所有参数在 5% 显著性水平上不能拒绝收敛于后验分布的原假设，也就是说在迭代周期当中预烧期已经能够有效使马尔科夫链趋于集中。由表 6－2 的结果可以知道，无效影响因素最大值为 56.44，且设定的 MCMC 次数为 20000 次，因此可以获得 $20000 \div 56.44 \approx 354$ 个不相干的样本观测值。综合图 6－2 和表 6－2，表明其模拟效果是可取的，且 MCMC 抽样结果有效模拟了参数的分布情况。

进一步讨论变量的随机波动估计动态变化结果。图 6－3 结果显示，各个数据指标在 95% 的置信区间下随机波动的估计值 SV 的动态变化情况。由图 6－3 可以看出，各个因素的波动是各不相同的，即便是同一个市场的波动情况也是随着时间而发生变化的。

图 6－3（1）显示的是从 2000 年第二季度到 2019 年第四季度短期国际资本波动图，整体上走势呈现先逐渐上升然后迅速回落。从 2000 年我国加入世界贸易组织开始，我国贸易顺差攀升，但鉴于当时我国资本市场尚未全面开放，资本管制的力度较强，资本进出渠道也不是很畅通，因此波动幅度较前期只有小幅变动，依然处于稳定阶段。2008—2010 年，由于全球国际资本受到 2008 年全球金融危机的影响，投机性资本损失严重，交易量和活跃度不高，资本的波动幅度较之前处于一个相对平缓波动阶段，同时也验证这段时期我国短期国际资本整体表现不活跃。2015 年短期国际资本波动幅度快速回落。一方面，我国为了进一步推动经济全球化、国际化，同年进行了“汇改”，促使国内外市场的稳定，保障资本的进出有序，导致短期国际资本流动逐渐趋于平稳；另一方面，我国开始供给侧改革，进行制造业“去产能”，经济周期处于调试阶段，供给的萎缩导致投资需求下降。

图 6－3（2）所示的是利率波动图，数据选择的是中国的银行间同业拆借利率（下文简称“利率”）。从 2000 年开始，我国已经实现了银行间同业拆借利率的市场化。随着 2003 年放开英镑、法郎、加拿大元的外币小额存款利率管理，以及同年放开小额外币存款利率的下限，利率从以往严格管制到有管理的浮动，波动更加自由，因此波动幅度较前期有所提升。2007 年到

2010 年前后利率形成了一个巨大的落差。前期国内经济呈现量价齐升，通胀加剧，央行不断提高法定存款准备金等多种紧缩类型的货币政策，利率不断的攀升，导致利率波动幅度提升。加之 2008 年全球金融危机，我国外贸出口受到冲击，造成国内相关实体行业遭受不同的损失，银行贷款的违约率提升，最终导致银行的资金缺口加剧，推升了银行间同业拆借利率，并呈现了一个波动峰值点。由于银行同业拆借利率是对市场资金需求的重要反应指标之一，为了缓解经济下行压力和促进经济平稳发展，央行迅速调低法定准备金率，同时予以金融机构不同程度的支持，包括购买不良资产、企业间债务重组等，一定程度上缓解了银行的资金匮乏和贷款损失。在此背景下，利率短时间内存在大幅度波动，从高点开始回落到低位，波动的幅度也有所降低，逐渐走低。

图 6－3（3）所示的是证券市场的上证综合指数波动走势图，整个观察时间段维持在 0.012 的波动率，属于一个稳定的区间值。以 2010 年到 2019 年的上证指数为例，3000 点的起始点中间经历了一次“牛市”上升到 5000 多点，观察原始指数走势图发现其上升的趋势是缓慢变动的，最后稳定回落到 3000 点附近，目前我国的上证指数主要集中于 3000 点附近浮动。主要原因是：我国的证券市场发展速度相对缓慢、起点晚，没有像西方发达国家那样成熟的市场和历史周期，只能在不断探索中验证证券市场发展方式，加上我国股票市场是“T＋1”交易和主板 10% 日涨跌幅限制。在此背景下，为了促进证券市场的良性发展，政府选择对证券市场进行有管理的稳健前行方式，导致证券市场整体上是稳定状态，极少存在异常波动。

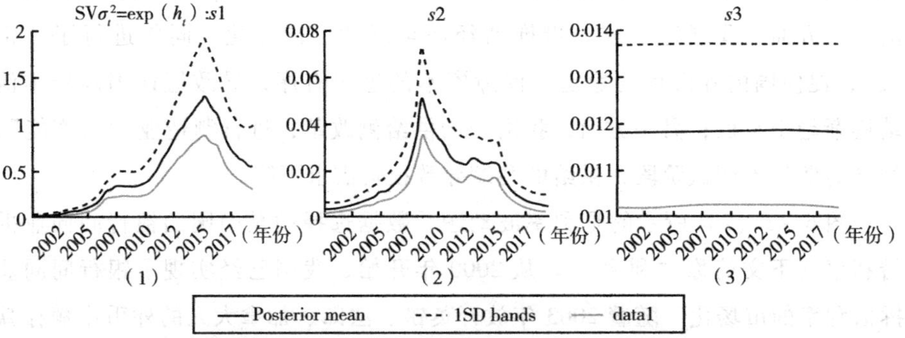

图 6－3　变量的波动估计值变化

二、时变条件下各变量的脉冲响应结果

图 6－4 和图 6－5 是对 TVP－SV－VAR 模型进行不同类型的冲击脉冲响应图。其中，图 6－4 是在不同提前期进行冲击，考虑到数据为季度数据，提前期间隔太大会影响数据结果的准确性，最终三个提前期分别是 1 期、2 期和 3 期。图 6－5 是在不同时点上进行冲击，三个时点分别是 2003 年第 1 季度、2007 年第 3 季度和 2015 年第 1 季度的不同时点。

（一）不同提前期一单位标准冲击脉冲响应时变特征分析

不同提前期给短期国际资本的冲击。由图 6－4（1）可知，提前 1－3 期的短期国际资本冲击对于银行间同业拆借利率的影响由负转正，分界点处于 2009 年前后，与前文的结论一致，验证前文。由图 6－4（2）可见，提前 1－3 期短期国际资本对股票指数的影响均为负，验证短期国际资本对股市是有负面的冲击，短期国际资本进入短期的推动股票市场的走高，增加泡沫，从而推动股票指数的提升，但是随着短期国际资本进出频繁影响市场的稳定性，造成了负面的影响。提前 2 期的负面影响最大，提前 3 期的影响最弱。结合前文，可以分析出短期国际资本对股票指数短期内是存在正向的推动作用的。整体

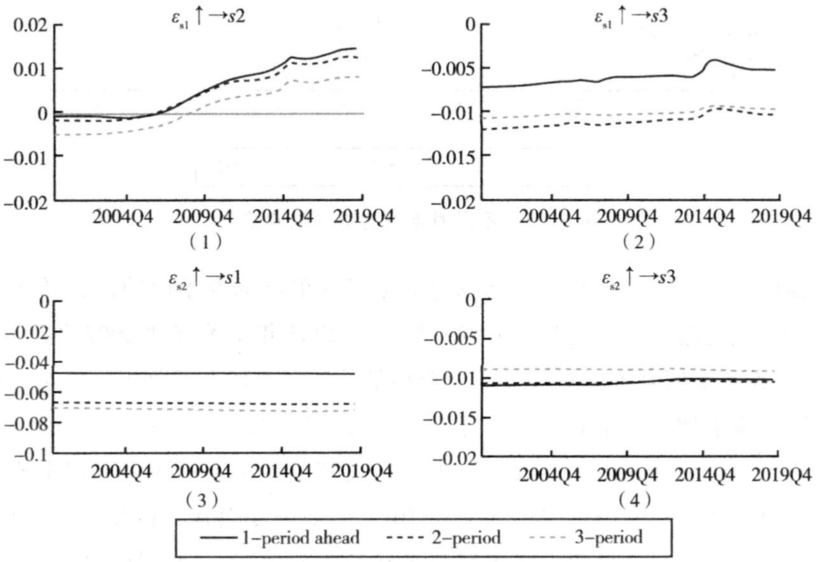

图 6－4　各变量不同提前期的冲击影响结果

上来看，短期国际资本通过影响利率，从而进一步影响到股票市场。短期角度看，短期国际资本对股票市场有正向波动，但是从中长期来看，短期资本对股票市场呈现负面的影响。因此加强对短期资本的管理对我国股票市场稳健发展十分有必要。

（二）不同时点一单位冲击的脉冲响应函数

图 6－5 是在不同时点上进行冲击的脉冲响应函数结果，本章选择 2003 年 1 季度、2007 年 3 季度、2015 年 1 季度，分别对应的是 2003 年非典疫情、2007 年全球金融危机前夕和 2015 年人民币全球化标志性一步的不同时点。由图 6－5 可见，即使冲击的时点不同，但脉冲响应的结果走势大致趋同，且任一变量都会对其他变量冲击当期产生响应。

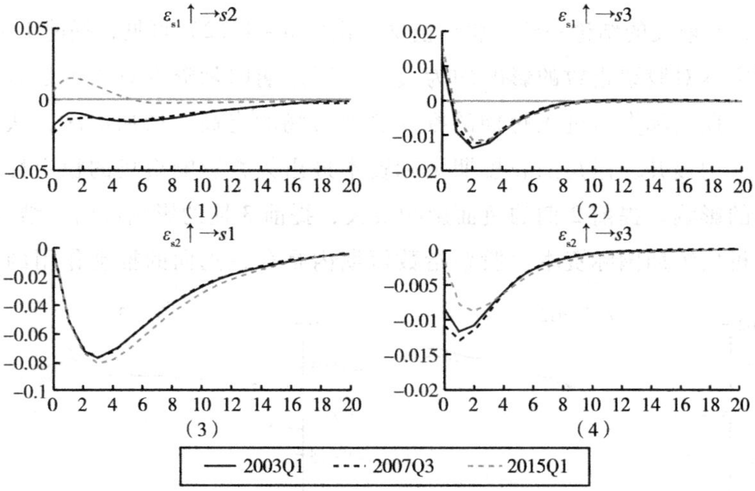

图 6－5　不同时点下的脉冲响应结果

如图 6－5（1）所示，给定短期国际资本单位标准正向冲击，整体走势是先增后减的趋势。对比时间节点分析，在 2003 年 1 季度和 2007 年 3 季度，在前 10 期短期国际资本对银行间同业拆借的利率整体上是负相关关系，即短期国际资本增加，利率减少，符合前文该时间国内的经济高速发展和社会有效供给增加吸引短期国际资本，资本增加缓解了利率上行压力，资本流动影响利率更多体现在资金供需层面。就 2015 年 1 季度而言，在 0—5 期短期国际资本对利率是一个先增后减逐渐趋于 0 的正向关系，即短期国际资本增加会促使利率提升。这主要是由于资本涌入导致名义利率的提升以及财富分配等负面因素发生变动，最终推动利率的提升。进一步观测在5—10期的时候，短期国际资本对利率的负相关关系逐渐显现且最终趋于0，该时间段资本对利率整体上有推升作用，进一步验证短期资本对利率市场的负面扰动。

如图6－5（2）所示，给定短期国际资本单位标准正向冲击，对股票指数第1期产生正效应，即短期资本流动增加对股票指数有推升作用。第2—10期处于一个负效应，逐渐趋于0，即短期国际资本增加对股票指数提升呈负相关关系。即短期国际资本短期内会在一定程度上推动股市行情的走势上扬，但是中长期来看短期资本对股市是有负影响力的，不利于股市的稳定和良性发展，这也与短期国际资本的性质相符。

如图6－5（4）所示，给定利率单位标准正向冲击，股票指数呈现负向冲击，其中，对于2007年的负冲击最大，对于2015年的负冲击最小，第1—2期的负向关系明显，后期逐渐回归于0。理论层面，利率与资产的价格是负相关关系，给定单位利率正向冲击时，资产价格会下挫。同时表明，2015年汇改推出，我国经济体制相比较于前期进一步完善，抗风险力增加受到冲击力度减少，短期国际资本影响相对较弱，2007年全球资本活跃，我国踊跃加入全球化，但当时经济体系相对不完善，受到全球波及大，冲击也是最深。结合图6－5（2）和图6－5（4），短期国际资本流动对资产价格冲击由正转负，利率对资产价格冲击为负，趋势一致说明利率是短期国际资本与股票指数的中间变量。

由图6－5可知，实证结果显示2003年1季度资本对利率整体是负相关关系，短期国际资本更多的是满足社会流动性需求，利率对资产价格的负冲击大于2015年第1季度、小于2007年第3季度。最终在非典疫情的影响下，短期国际资本对资产价格的直接负面冲击最为剧烈。也可以发现，随着2008年金融危机趋缓，经济体系趋于完善，短期国际资本逐渐对资产价格的冲击减缓。

第五节　基于房地产价格的时变模型实证分析

一、变量与模型的稳定性检验结果

考虑到数据为季度数据，同时根据AIC和SBIC信息准则的检验结果最后判断为1阶滞后。根据AIC和相关的信息准则确定阶数，有一定的浮动区间可以自由选择，加上考虑到数据是季度数据，如果滞后阶数过于大，会消除相互之间的因素，同时结合格兰杰应该检验结果，综合考虑选择1阶作为模型的基础。

由表6-3的结果可以知道，无效影响因素最大值为57.14，且设定的MCMC次数为20000次，因此可以获得20000÷57.14≈350个不相干的样本观测值。综合图6-6和表6-3，表明其模拟效果是可取的且MCMC抽样结果有效模拟了参数的分布情况。

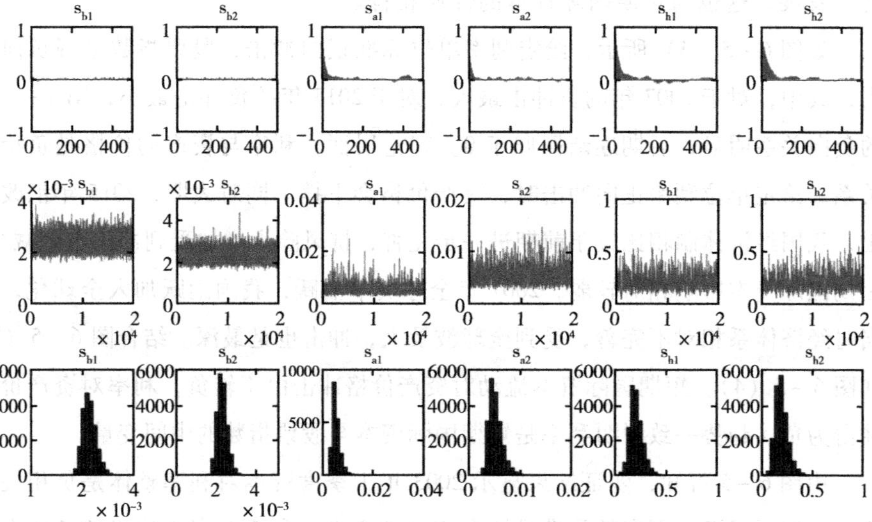

图6-6　经抽样的模型稳定性检验结果

表6-3　变量的相关稳定性检验结果

Parameter	Mean	Stdev	95%U	95%L	Geweke	Inef.
sb1	0.0023	0.0003	0.0018	0.0029	0.502	4.18
sb2	0.0023	0.0003	0.0018	0.0028	0.002	5.02
sa1	0.0056	0.0018	0.0034	0.0100	0.408	32.09
sa2	0.0053	0.0014	0.0034	0.0088	0.775	21.75
sh1	0.2051	0.0639	0.1008	0.3537	0.375	39.86
sh2	0.2007	0.0682	0.0958	0.3621	0.002	57.14

二、时变条件下各变量的脉冲响应结果

图6－7和图6－8是对TVP－SV－VAR模型进行不同类型的冲击脉冲响应图。为了观察短期国际资本通过利率对资产价格的冲击响应，在股票市场和房地产市场模式下选择相同的提前单位和时点。

（一）不同提前期一单位标准冲击脉冲响应时变特征分析

当变量由股票指数替换为房地产市场价格后，如图6－7（1）所示，短期国际资本对利率的提前期影响大致相同，逐渐由负向转为正向冲击。短期国际资本对房地产的影响由原先正向影响转为负向冲击。

由图6－7（2）可见，当提前期为1期和3期时，资本对房地产负面冲击作用，当提前期为2期时，影响力逐渐减弱趋于0。一方面，这与短期资本本身的性质有关，其逐利的短期性特征，使这部分资本快速进出房地产市场的需求端进而对房价形成冲击；另一方面，这是房地产市场的特性所引起的，房地产市场销售存在淡季和旺季之分，提前周期的不同会有不同的冲击效应。进一步观察图6－7（4）银行间同业拆借利率对房地产市场价格的影响，当提前期为1期时利率对房价的冲击最大，随着提前期的延长，作用力

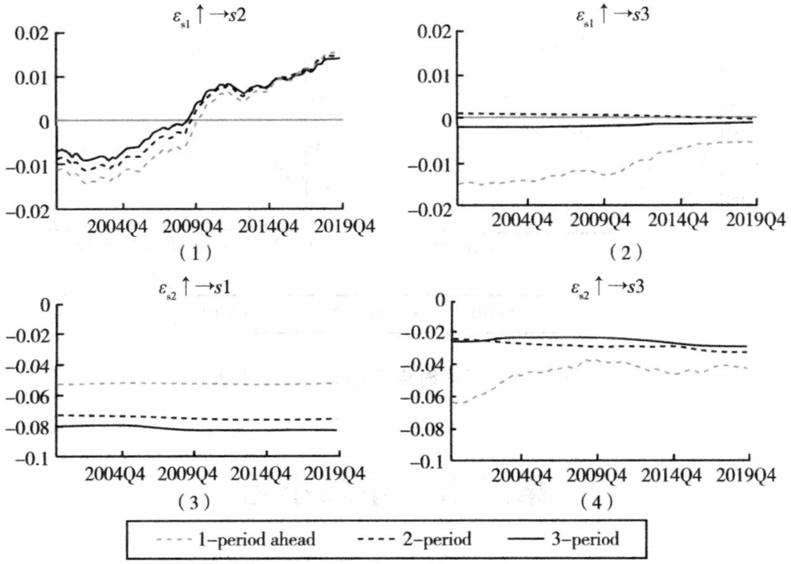

图6－7　各变量不同提前期的冲击影响结果

逐渐减弱。一方面，短期国际资本盯住的是短期投资机会，短期内有低利率、高杠杆机会，会迅速进入房地产市场；另一方面，随着提前期周期变长，未来的利率预期对当期的影响会逐渐削弱。

（二）不同时点一单位冲击的脉冲响应函数

如图 6-8（1）所示，在替换变量后，给定短期国际资本单位正向冲击，在三个不同的时间形成不同的冲击。在 2015 年的节点，短期国际资本对利率的影响是正相关关系，形成的冲击与其他节点完全不同，也验证前文所述在此期间货币供给增加驱动人们再分配收入增加和通胀所引起的名义利率上升。资本对利率在三个不同的时点冲击大致和股票指数一致，如图 6-8（1）所示。利率对房地产价格的负向冲击相对于股票指数减弱，其中 2003 年非典疫情时点，利率的反向作用明显，对房地产的价格冲击在三个时点中最大。

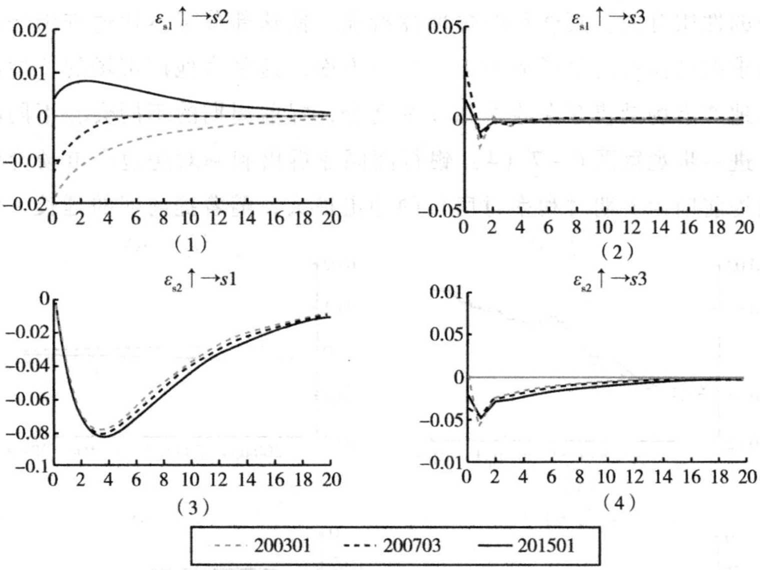

图 6-8　不同时点下的脉冲响应结果

第六节　本章小结

本章基于 TVP-SV-VAR 模型，讨论了国际资本流动对我国宏观经济及金融市场相关变量的影响过程。具体来看，国际资本流动通过经常项目、资本与金融项目以及虚拟货币渠道对本国的总体流动性产生扰动，并通过改变货币供给与需求对利率水平产生影响。利率水平的变化在一定程度上改变了市场投资者的机会成本，进而改变其投资收益预期，最终调整投资行为，并反映到资产价格上来。此外，不同时点下国际资本流动对资产价格的影响效应可能会存在差异，特别是在经济上行期和经济下行期可能会产生非对称影响。在当前全球经济陷入衰退的背景下，我们需要更加深入地讨论经济下行时国际资本流动对资产价格的影响，为后续针对国际资本流动的监督与管理提供理论与事实依据。

实证结果显示：第一，利率是国际资本流动影响资产价格过程中的重要中介变量，但不同时点存在差异。全球金融危机期间和非典疫情期间，国际资本流入反而使利率水平下降，主要原因：一方面，经济衰退期中央银行通过主动调控货币政策引导利率下降，以抵消外部冲击对国内经济的负面影响；另一方面，国际资本流入也会促使国内流动性水平上升，利率水平下降。而在人民币国际化阶段，经济处于相对上升期，国际资本流入在公众乐观预期下会提高国内经济热度，消费与投资需求同时提升，利率水平也会在短期迅速上升。第二，国际资本流入会对股票市场与房地产市场产生先正后负的影响，但产生影响的效应时长存在差异。其中国际资本流入对股票市场的短期效应为正，但在第 2 期后产生了显著的负面影响，直到第 10 期才恢复稳态；而国际资本流入对房地产市场在第 1 期就产生了显著的负面影响，在第 4 期就恢复稳态。这说明国际资本流入对股票市场产生的影响效应要长期房地产市场的影响效应。第三，利率上升对股票价格与房地产价格均产生了显著的负面冲击作用，但效果存在差异。具体来看，利率水平对股票价格的影响短期更加剧烈，但长期股票市场回归稳态的速度更快；而利率对房地产价格的影响短期程度相对较小，但长期呈显著的厚尾趋势，说明利率冲击对股票市场更多呈现的是短期影响效应，而对房地产市场更多呈现的是长期影响效应。此外，从不同时点的冲击可以发现，以非典疫情和国际金融危机为代表的经济下行期，国际资本流动对资产价格的冲击效果更加明显，说明在对国际资本流动监督与管理过程中，特别是在当前全球经济陷入衰退背景下，更加需要关注资本流动可能带来的负面影响。

第七章

逆全球化冲击下跨境资本流动对我国系统性风险的积累与传染效应分析

第一节 引 言

自党的十九大以来，如何有效防范系统性金融风险成为我国金融工作的重要内容之一。随着系统性金融风险的不断累积，金融系统不稳定程度在不断加大，同时宏观经济以及社会财富也面临着损失的风险（陶玲和朱迎，2016）。系统性金融风险的积累过程与一般性金融风险相比主要表现在以下两个方面：一是风险的积累性。系统性金融风险积累的过程往往伴随着预期的自我实现，外部冲击的出现可能会打破原有系统稳态，致使整个系统出现显著的顺周期性，形成总体风险积累过程。二是风险的传染性。即单一金融机构或金融市场在运行过程中产生并积累的风险将会迅速传递至整个金融系统当中。因此，金融监管部门应当时刻关注整个系统的风险积累与风险传染，防止金融机构的过度风险承担行为最终引发金融危机。

系统性金融风险的成因一般来说主要包括内外两大因素，其中内部因素主要源自信息不对称约束下金融系统内在的脆弱性（Minsky，1980）、金融市场过度创新导致的金融系统顺周期效应以及金融机构之间的债务关联性（Chakravort，2000）。外部因素主要来源于经济周期和政策干预，其中经济周期主要体现在经济处于下滑阶段时企业及个人的财务状况恶化，在金融系统顺周期效应下对实体经济形成加速器效应，加剧了经济系统的短期波动（谢平和邹传伟，2010）；而经济金融系统的自我出清机制很可能会由于过度的政策干预而遭到破坏，如此进行下去可能会造成破坏力更强的系统性风险的累积。

然而，目前国内针对系统性金融风险问题的研究更多聚焦于内部因素，通过关注系统性金融风险度量的问题，识别系统重要性与系统脆弱性机构，试图从内部找到防范与化解系统性金融风险的方法（李政、涂晓枫等，2019），同时在一定程度上忽视了外部因素的重要性。各国实施不确定的经济政策而给经济体带来的影响在金融危机爆发以后受到各国学者的不断关注。因为无法事先准确地预测政策的制定者会怎样改变经济系统现行的相关经济政策，经济主体通常会面临着经济政策的不确定性所带来的影响（Gulen & Ion，2016；谭小芬等，2018）。近年来，无论是英国脱欧、特朗普贸易保护政策还是美联储加息周期变化，都间接体现出全球经济政策的不确定性上升这一客观事实，这一冲击将通过短期资本流动渠道对中国国内系统性金融风险的积累带来显著影响。

基于上述背景，本章通过构建 MS - VAR 模型来考察全球经济政策不确定性冲击对国内系统性金融风险积累的具体过程，分析不同经济状态下经济政策不确定性对短期资本流动、汇率预期和资产价格之间的冲击变化，为我国系统性金融风险的防范及金融安全的维护提供依据和指导。

第二节　文献综述

一般来说，系统性金融风险积累直接表现为资产价格泡沫化和金融机构风险承担行为的普遍提升（张明和谭小芬，2013；何国华和李洁，2018），而这些情况的出现是由内、外因素共同所致。其中内因主要表现为银行之间业务和资产头寸方面的关联性提升了银行脆弱性（Gramlich et al，2011），而外因主要受短期资本流动影响（刚健华和赵杨，2018）。短期资本流入国内市场的主要动因是在等待人民币升值的同时，进入股票和房地产等资产市场套取“价格”收益（吕光明和徐曼，2012）。以股票市场为例，随着短期资本大规模流入国内股票市场，国内股票市场的价格在被不断推高的同时，本币也会进一步升值，而股票价格的上涨与本币的升值又提高了国际资本流入的获利水平，从而使短期资本的流入规模进一步扩大，如此循环下去，最终引发系统性金融风险积累（张兵等，2008；朱孟楠和刘琳，2010）。此外，如果股票市场的替代市场如房地产市场等的收益率高于股票市场时，短期资本就会流入这些替代市场，进一步的“羊群效应”还会使得原来存在于股票市场的短期资本流出、转而流入这些替代市场，此时短期资本的流入便会导致股票市场的价格下跌（吴丽华和傅广敏，2014）。

上述文献在讨论系统性金融风险积累过程时强调了短期资本流动的重要作用。但事实上，短期资本流动本身也在系统性金融风险积累过程中呈现显著的内生性：短期资本流入会引起国内资产价格上升，从而提升投资需求，导致汇率升值，又再进一步促进短期资本流入，形成正向循环（伍戈和严仕锋，2015）。这种自我实现机制的形成可能使我们无法找到形成本国系统性金融风险的外部本源。对发展中国家而言，外部风险主要来自主要经济体宏观经济政策的外部性，因此这些国家经济政策的变化很可能是发展中国家系统性金融风险积累的重要原因。现有文献表明，因为外国投资者受到东道国法律和政治机构的保护是有限的，所以跨境资本流动对经济政策环境会更为敏感，这种现象不仅出现于发达国家，在新兴市场中也会存在（Dixit，2011；Brandon，2016）。首先，本国以及外国投资者对于国内整体投资环境的预期会在一定程度上影响国际资本的流入、流出量，当一国国内经济政策的不确定性程度不断增加时，国内外投资者对于国内投资整体前景的预期会发生变化甚至会产生悲观的情绪，此时便会导致原本停留在国内的资本持续流出，实际有效汇率以及本币币值也会不断下降（金雪军和钟意，2014）。其次，经济政策不确定性也会影响投资者的风险承担意愿，投资者会倾向于将资金转向相对安全的地方。在国际金融危机、欧债危机时期，国际政治经济环境发生较大不确定性时，由于我国金融市场开放度有限，受危机的影响不大；加之我国经济呈现出长期稳定增长的态势，所以在此阶段我国成为国际短期资本避险的考虑选项（潘敏和汤晋荣，2015）。因此，全球经济政策不确定性程度较低时，由于发达经济体相较于新兴经济体来说一般具有更完善的风险承担机制，此时发达国家的避风港优势便会吸引国际资本更多地流入国内，而对新兴经济体的资本流入规模产生抑制。相反地，由于全球经济政策不确定性主要来源于发达经济体，所以当其程度较高时，发达经济体的这种“避风港”优势便会减弱，原本对新兴经济体资本流入规模的抑制也会减弱（谭小芬等，2018）。

上述研究成果主要论证了两个内容：第一，全球经济政策不确定性是引起短期资本流动的重要原因，发展中国家在全球经济政策不确定性上升时可能成为国际资本的“避风港”，从而引起资本流入。第二，短期资本流动作为系统性金融风险积累的重要因素，对国内资产价格和金融机构的风险分担行为产生影响。上述结论并不能系统地论证一国系统性金融风险的积累是如何形成并迅速传递的。基于此，本书以全球经济政策不确定性为起点，重点分析全球经济政策不确定性如何引起系统性金融风险积累的过程；利用MS－VAR模型，考察不同经济状态下这一传导过程出现的差异，以期对现有研究做出有益补充与完善。

第三节　系统性金融风险积累与扩散的外部冲击与传导机制

根据现代金融风险理论，系统性风险与非系统性风险共同构成风险。其中系统性风险强调与整个体系和市场都具有显著关联的风险，一旦出现则所有参与者都无法幸免；非系统性风险指的是个别合同违约或资产损失的概率，其不会对整个市场或系统造成深刻影响。因此，在有效市场假说（EMH）前提下，市场参与者可通过风险资产组合完全分散非系统性风险。次贷危机后，经济学家们发现影响整个金融市场乃至宏观经济运行的主导风险实际上并不是非系统性风险。在系统性重要机构的金融网络迅速扩张的背景下，系统性风险成为破坏金融稳定的根本因素。究竟是什么原因引发了系统性风险的积累和扩散成为当前学术界重点关注的问题。

实际上，芝加哥学派创始人奈特（Knight，1921）对风险的本源问题早已做出解答。他认为风险是不确定性的一种显性表现形式，并提出了不确定性与风险的定义与关系。他将不确定性与风险做出了明确划分，其中不确定性指的是市场参与者无法预知的将来事件，而风险则代表着基于过去对未来的推测，也可以理解为已知概率分布的不确定性。因此，可以认为风险即为不确定性在发生和转变过程中的一种显性表达，其中包含了不确定性带来的不可预知的结果，但仍然无法完全包含不确定性的所有内涵。

基于上述分析，我们得到结论：风险从本质上看，即为外部不确定性冲击时形成的确定性概率分布下的不确定结果。对一个经济体而言，其国内金融市场的系统性风险积累不仅取决于体系内的系统性重要机构及金融网络，还应当取决于外部不确定性对国内市场的冲击。但这种冲击大多数情况下并非直接作用，更多地是通过跨境资本流动而形成冲击。当全球经济政策不确定性上升时，可能会引起全球金融市场参与者短期金融投资行为的迅速变化，形成短期资本流动，而短期资本流动又可能导致金融中介风险偏好水平发生变化，促使市场利率及资产价格水平波动，形成国内金融总风险水平的上升（何国华和李洁，2018）。资本管制作为外部冲击的防火墙，侧面也反映出短期资本流动实质上是外部不确定性引发的风险向国内传递的重要渠道。

短期资本流动不仅是外部冲击引发国内系统性风险积累的渠道，其本身也能够成为系统性金融风险积累的关键节点（见图7－1）。由于形成短期资本流动的主体是外汇市场和外汇买卖参与者，因此短期资本流动本身可能就具备了系统性风险积累属性。在有限信息约束条件下，投资者往往会倾向于根据历史信息判断汇率的未来走势，这就使短期资本流入与汇率升值预期、短期资本流出与汇率贬值预期之间可能产生自我实现机制，从而形成显著的顺周期效应，而短期资本则会在外部冲击下形成持续的流入和流出，对国内金融市场系统性风险的积累与释放起到明显的加速器作用，对国内金融市场稳定造成了极为不利的影响。因此，外部不确定性或风险的冲击将会首先形成短期资本流动的系统性风险积累，促使国内流动性水平持续上升，而这又会间接地为国内金融市场系统性风险积累提供流动性支持，在无任何干预的情况下不可避免地使国内经济走向“明斯基时刻”。因此，本节后续的实证模型旨在论证全球经济政策不确定性冲击对国内金融市场系统性风险积累的传递过程，为系统性金融风险外因分析提供证据。

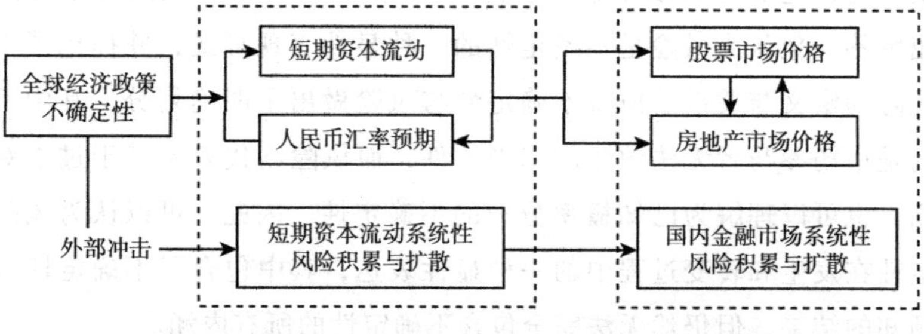

图7－1　系统性金融风险积累与扩散的传导机制

第四节　实证分析

一、相关变量的选取

人民币汇率预期：人民币汇率预期（EXD）用在岸与离岸人民币即期汇率之差表示，计算公式为：（在岸人民币汇率－离岸人民币汇率）×100。其中在岸人民币汇率选取美元兑人民币即期汇率，离岸人民币汇率选取美元兑离岸人民币即期汇率（USDCNH）的定盘价。阙澄宇和马斌（2015）通过VAR－GJR－MGARCH－BEKK模型论证了离岸汇率波动对在岸汇率波动的影响大于后者对前者的影响。对此可以认为离岸人民币汇率对在岸人民币汇率存在引导作用，当EXD>0，则未来在岸人民币汇率会靠近离岸人民币汇率，引起在岸本币汇率的升值预期，反之则反。

短期资本流动：本书借鉴朱孟楠和刘林（2010）的方法，用非贸易及FDI的资本流动作为短期资本流动变量，即：短期资本流动＝外汇储备增加额－净出口额－实际利用外资额。为消除异方差，对所得数据进行对数处理，用SCF表示。

全球经济政策不确定性（GEPU）：该指标来源于Baker et al.（2016）的研究成果，以全球EPU指数衡量全球经济政策不确定性。

资产价格：主要选取股票价格（SP）与房地产价格（HP）作为资产价格的代理变量。其中，股票价格（SP）选择沪深300指数的收盘价作为代理变量，房地产价格（HP）用房地产销售价格指数即房屋销售额÷房屋销售面积作为代理变量。同时对股票价格以及房地产价格进行对数差分处理。

此外，由于美元兑离岸人民币即期汇率自2011年7月才开始正式发布，因此基于数据的可得性，对以上数据选择样本区间为2011年8月到2018年12月的月度数据。所有数据来源于中经统计数据库、Wind数据库以及经济政策不确定性网站（www. Policy uncertainty. com）。

二、单位根检验

从单位根检验的结果看，短期资本流动（SCF）、人民币汇率预期

(EXD)、股票市场价格(SP)、房地产市场价格(HP)在5%的显著水平下拒绝存在单位根假设，即都是平稳序列 。全球经济政策不确定性(GEPU)在10%水平下拒绝存在单位根假设，即在10%的显著性水平下是平稳性序列。见表7－1。

表7－1　　序列单位根检验

变量	DW值	ADF值	1%	5%	10%	Prob.	结果
SCF	1.966271	－4.315413	－3.507394	－2.895109	－2.584738	0.0008	平稳
GEPU	1.970880	－3.341961	－4.065702	－3.461686	－3.157121	0.0663	平稳
EXD	2.033146	－5.907814	－2.591505	－1.944530	－1.614341	0.0000	平稳
SP	1.972643	－8.173453	－2.591505	－1.944530	－1.614341	0.0000	平稳
HP	2.043730	－3.193535	－3.517847	－2.899619	－2.587134	0.0242	平稳

三、MS－VAR模型的选择

(一)区制m的确定

实际的经济状态可以作为区制m的选择依据，在样本考察期内，人民币汇率预期、资产价格的波动和短期资本流动的变动既可能导致模型的区制状态出现高波动与低波动，也可能因为全球经济政策不确定性的变动而存在经济政策不确定性升高和下降的区制状态。因此，本书主要研究两区制的MS－VAR模型。

(二)模型滞后阶数的确定

基于LR、FPE、AIC、HQ、SC准则以及数据的自由度分析，本书利用EVIEWS9.0软件确定VAR模型的最优滞后阶数，结果如表7－2所示，根据少数服从多数原则确定最优滞后阶数为1阶。

表7－2　　不同滞后阶数的指标信息

Lag	LogL	LR	FPE	AIC	SC	HQ
0	－609.1081	NA	1.540706	14.62162	14.76631	14.67979
1	－547.4986	114.4175	0.645197*	13.74997*	14.61812*	14.09896*

续表

Lag	LogL	LR	FPE	AIC	SC	HQ
2	-525.3459	38.50363	0.694847	13.81776	15.40936	14.45757
3	-511.6332	22.20146	0.923735	14.08650	16.40157	15.01714
4	-482.0946	44.30788*	0.854863	13.97844	17.01696	15.19990
5	-458.4626	32.63469	0.929208	14.01101	17.77299	15.52330

（三）MS-VAR 模型的具体选择

由于 MS-VAR 模型的形式会随着其截距、方差、均值等的变化而发生变化，因此本书主要构建了含有短期资本流动（SCF）、经济政策不确定性（EPU）、人民币汇率预期（EXD）、股票市场价格（SP）以及房地产市场价格（HP）的线性 VAR 模型和 MSM(2)-VAR(1)、MSMH(2)-VAR(1)、MSI(2)-VAR(1)、MSIH(2)-VAR(1) 等非线性模型（见表 7-3）。根据对数似然值以及 AIC、HQ、SC 准则来进一步确定本书所要研究的最优模型。

表 7-3　　不同模型形式的指标信息

	线性模型	非线性模型				
	VAR（1）	MSM（2）-VAR（1）	MSMH（2）-VAR（1）	MSI（2）-VAR（1）	MSIH（2）-VAR（1）	MSIAH（2）-VAR（1）
LL	-583.0606	-576.3961	-443.9161	-565.4950	-443.0312*	-486.4728
AIC	14.2741	14.2817	11.6117	14.0340	11.5916*	13.1471
HQ	14.7845	14.8715	12.3716	14.6237	12.3515*	14.1905
SC	15.5409	15.7456	13.4979	15.4979	13.4778*	15.7371

资料来源：通过利用 OxMetrics 软件中的 Givewin2 平台进行检验与分析得到。

从表 7-3 可以得出，相对其他非线性回归方程而言，线性回归方程的 log-likelihood 是偏小的，说明选择非线性方程能够更好地解释本书各变量之间的关系。从 AIC、HQ 和 SC 准则值来看，MSIH(2)-VAR(1) 的三个值均是最小的，且其 LR linearity test = 280.0589，卡方统计量的 P 值小于 1%，显著地拒绝线性系统原假设，说明其模型的拟合较高，因此选择 MSIH(2)-VAR(1) 是合适的。

四、MSIH(2) - VAR(1) 的实证分析

（一）模型的回归结果分析

通过 OxMetrics 软件中的 Givewin2 平台得到 MSIH(2) - VAR(1) 模型在不同取值状态下的参数估计结果。见表 7-4。

表 7-4　　MSIH（2）-VAR（1）模型的参数估计结果

	SCF 方程	EXD 方程	SP 方程	HP 方程
Const（Reg. 1）	-6.246044*** [-29.5075]	-0.320906 [-1.0086]	-0.018184 [-0.7377]	-0.004584 [-0.2405]
Const（Reg. 2）	0.028498 [0.0269]	-0.308873 [-0.5289]	-0.011511 [-0.5507]	-0.006684 [-0.3605]
SCF_1	0.047669*** [3.2880]	0.029286* [1.3659]	-0.000812 [-0.6035]	0.000689 [0.5888]
GEPU_1	0.001478 [1.1988]	0.001886 [1.0103]	0.000094 [0.6451]	0.000098 [0.8518]
EXD_1	0.097969*** [2.7691]	0.401983*** [7.6212]	0.000188 [0.0631]	0.000888 [0.3237]
SE（Reg. 1）	0.414435	0.648059	0.080782	0.044521
SE（Reg. 2）	5.552921	2.829091	0.038881	0.049767

注：①资料来源：在 Oxmetrics 中利用 Givewin 平台得到；

② *** 表示 1% 置信度下显著，* 表示 10% 置信度下显著。

通过四个方程在区制 1 和区制 2 下的标准差可以发现，区制 2 的标准差总体上大于区制 1，因此区制 1 表示短期资本流动、全球经济政策不确定性、人民币汇率预期、股票价格以及房地产价格在经济运行中总体上处于较小幅度变动的平稳状态，而区制 2 表示短期资本流动、全球经济政策不确定性、人民币汇率预期、股票市场价格以及房地产市场价格总体波动较为剧烈的经济状态。

从短期资本流动变动回归方程来看，滞后 1 期的全球经济政策不确定性以及滞后 1 期的人民币汇率预期变动对当期短期资本流动具有正向作用，即全球经济政策不确定性增加以及人民币预期升值会导致短期资本流入。从人

民币汇率预期变动回归方程来看，滞后 1 期的短期资本流动对当期人民币汇率预期具有显著的正向作用。滞后 1 期的全球经济政策不确定性对人民币汇率预期也具有正向作用但影响比较微弱。从股价、房价变动回归方程来看，滞后 1 期的短期资本流动对股价具有负向作用，对房价则具有正向作用，即短期资本流入（SCF > 0）会造成股价下跌（SP < 0）和房价上涨（HP > 0）。

（二）两区制的具体特征

1. 两区制的划分。

图 7 - 2 显示的是两区制概率图，显示了两区制的估计概率。大部分样本处于区制 1 状态，表现为全球经济政策不确定性、人民币汇率预期、股票价格、房地产价格波动平稳，短期资本流动平缓；区制 2 只包括若干时间段，表现为全球经济政策不确定性、人民币汇率预期、股票价格、房地产价格、短期资本波动幅度较大。

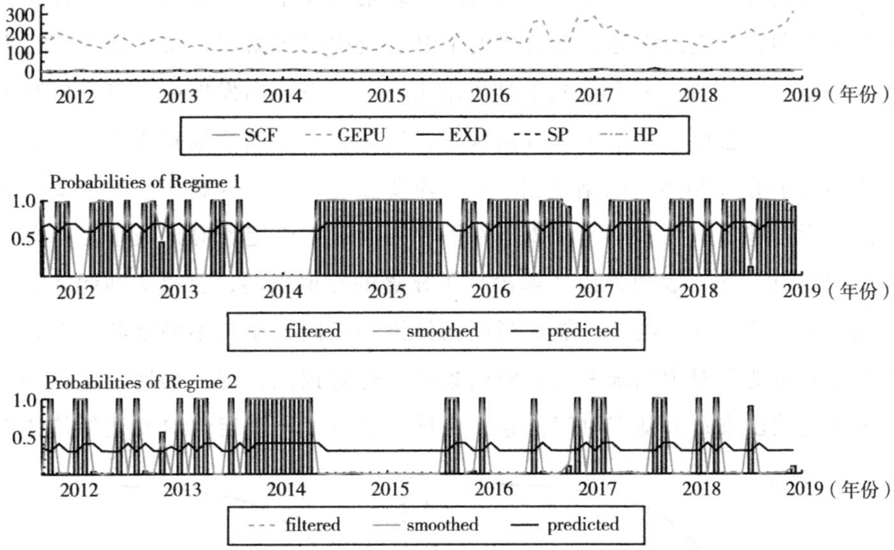

图 7 - 2　两区制转移概率

2. 区制间的转换概率及区制特征。

由表 7 - 5 可知，该经济系统有 69.61% 的概率维持在区制 1 状态下，转换概率为 30.39%；有 40.80% 的概率会维持在区制 2 状态下，转换概率为 59.20%。经济系统有 66.08% 的时间处在区制 1，平均持续期为 3.29 个月；

有33.92%的时间处在区制2，平均持续期为1.69个月，这表明区制1比区制2更稳定。

表7－5　　两区制的转移概率与经历概率

	区制1	区制2	观察值数	概率	持续期
区制1	0.6961	0.3039	58.0	0.6608	3.29
区制2	0.5920	0.4080	30.0	0.3392	1.69

五、脉冲响应结果分析

进一步通过脉冲响应函数考察各变量间的长、短期动态关系。首先，考察全球经济政策不确定性对短期资本流动和人民币汇率预期的影响。图7－3和图7－4分别反映了全球经济政策不确定性的上升对人民币汇率预期以及短期资本流动的影响。可以发现，全球经济政策不确定性上升会引起人民币出现升值预期，并正向引导厌恶情绪的上升，而中国等新兴经济体成为国际游资"避险"集中地，从而导致短期资本由发达经济体向发展中经济体转移的过程。这必然会使人民币出现升值预期，同时也会引起短期资本流入，这一结论与谭小芬（2018）的结论相一致。需要注意的是，区制1与区制2的脉冲图形形态基本一致，但区制2条件下经济政策不确定性对人民币汇率预期的影响略有不同，表现为前2期出现了显著的贬值预期，至第3期起才开始出现升值预期。这一结果可能是当国内经济环境同时出现不稳定状态时，国际投资者可能会对中国未来的投资前景产生悲观预期，这一预期迅速在外汇市场上反映出来；而随着时间推移，全球经济政策不确定性对发达经济体带

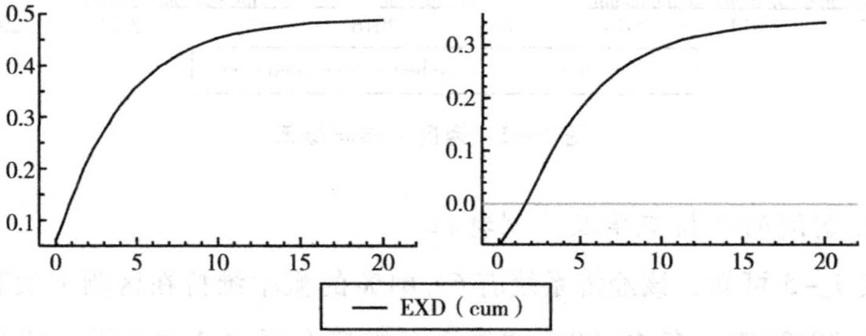

图7－3　两区制下人民币汇率预期对全球经济政策不确定性变动冲击的响应

来的风险积累远远超过中国国内经济不稳定形成的风险积累时，国际游资仍会对人民币汇率形成长期乐观预期。

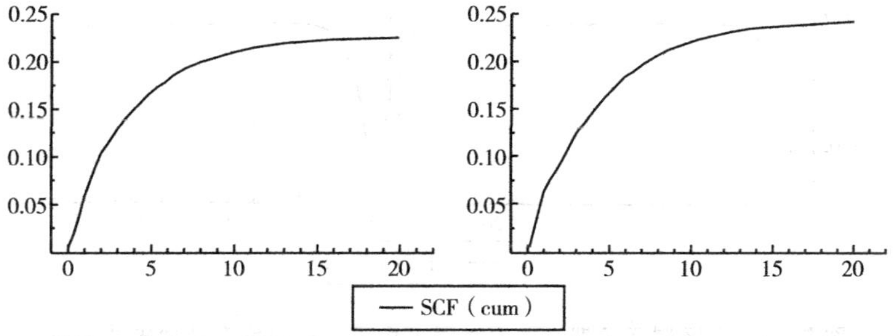

图7-4　两区制下短期资本流动对全球经济政策不确定性变动冲击的响应

注：左图为区制1状态，右图为区制2状态，下文中的图示均如此。

其次，考察短期资本流动对人民币汇率预期在不同区制下的冲击影响。图7-5（左）结果显示，经济运行相对平稳状态下单位短期资本流动的正向冲击（资本流入）将会形成在岸人民币升值预期，且这一效应在第三期迅速达到峰值，随后缓慢下降，但长期呈稳定的正向引导状态。图7-5（右）反映的是经济波动相对较大时的影响结果。从方向上来看，短期资本流入引起人民币升值预期的方向不变，但从程度上看，区制2较区制1更为明显，说明在本国经济运行稳定程度下降时，外部的国际游资对汇率的敏感程度更加显著，此时货币当局可能需要更加谨慎地关注跨境资本流动的变化，防止过度的汇率预期变化加剧外汇市场风险。

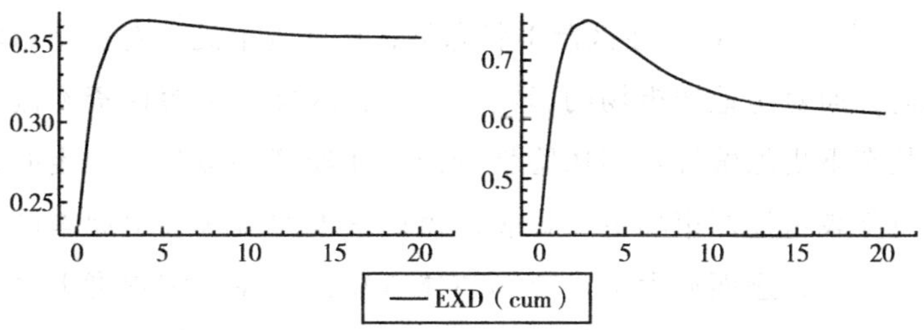

图7-5　两区制下人民币汇率预期对短期资本流动变动冲击的响应

再次，观察人民币汇率预期对短期资本流动的影响效果（图7-6）。结果显示，无论是区制1还是区制2，人民币汇率的升值预期将会导致短期资本流动，且这一影响具有长期可持续性，而区制2较区制1程度更加显著。

当市场形成了显著的人民币在岸汇率升值预期，将会形成离岸和在岸外汇市场的套利机会，从而引起资本由离岸市场向在岸市场转移，形成资本流入。

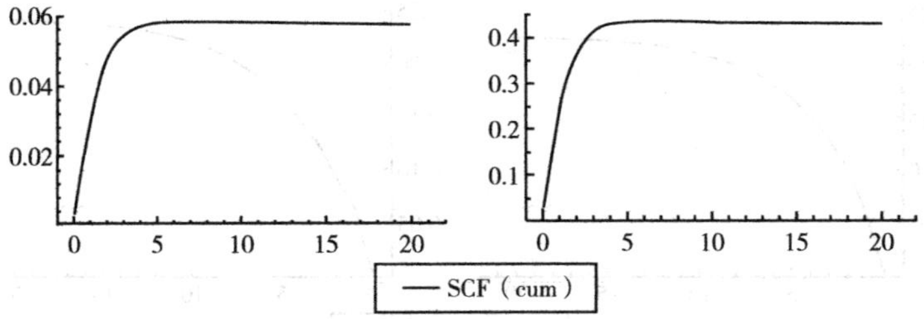

图7－6　两区制下短期资本流动对人民币汇率预期变动冲击的响应

短期资本流动对人民币汇率预期的累积脉冲响应和人民币汇率预期对短期资本流动的累积脉冲响应的共同结果表明，短期资本流动与人民币汇率预期间存在显著的自我实现机制（顺周期性），具体表现为短期资本流入将会提升人民币在岸汇率升值预期，而人民币在岸汇率升值预期又会进一步引导短期资本流入，这一循环将最终形成短期资本流动的系统性风险积累，且在本国经济波动加剧（不稳定）状态下这种顺周期性的程度更加显著。短期资本流入必然会引起国内市场的流动性激增，导致价格水平的迅速上涨（无论是商品市场还是金融市场），在一定程度上对国内金融系统性风险的积累起到促进作用。因此，目前来看，我国存在短期资本流动系统性风险向国内金融市场系统性风险积累转移的情况。

最后，分析不同区制状态下短期资本流动对股票价格和房地产价格的影响（图7－7与图7－8）。在区制1状态下，短期资本流动对股票市场的影响冲击为正向，而对房地产市场的影响为负向，这反映出短期资本流入在经济运行稳定状态下更加偏好短期风险性资产。在经济环境相对稳定时，股票市场波动和风险较房地产市场更加显著，短期资本的流入会引起本国基础货币投放总量的提升，进而放大国内市场整体流动性，在一定程度上将会带动股票市场上扬；与此同时，原有的部分房地产投资需求也会发生转移，“暂时”投资到短期获利可能性更大的股票市场寻求更大收益，进而产生此消彼长的过程。这一现象在区制2状态下发生反转：短期资本流动对股票市场的影响开始由正转负，而对房地产市场的影响显著为正。这表明在国内经济出现显著波动的情况下，房地产投资成为重要的避险投资方向，在国内宏观经济不稳定时，股票市场波动和风险较平稳状态更加显著，当其超过大多数投资者的平均风险承担水平时，必然会引发投资者撤离，进入相对稳定的房地产投资市场，以达到规避风险的目的。房地产作为避险资产的投资思路与我国的实际国情有关，基于多年积累而形成的国内房地产投资理念以及国家在调控房地产政策方面的历史经验，房地产价格的下跌无论在频率还是幅度上都远远低于其他资产投资领域，因此一旦市场出现波动而形成不稳定因素，投资者往往更加倾向于配置更多的房地产资产，将盈利目标和期限进一步拉长。

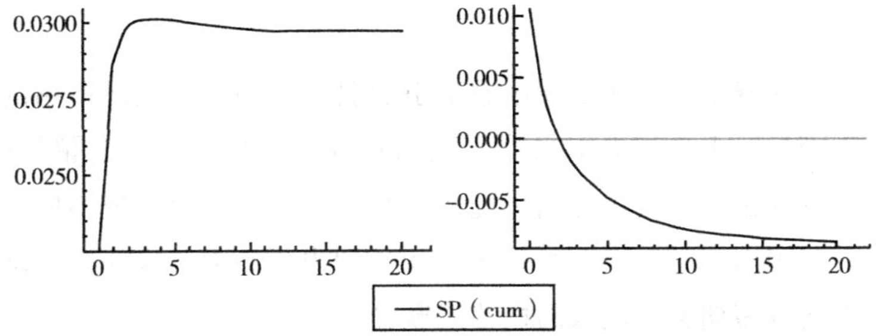

图 7-7　两区制下短期资本流动冲击对股票价格的冲击影响

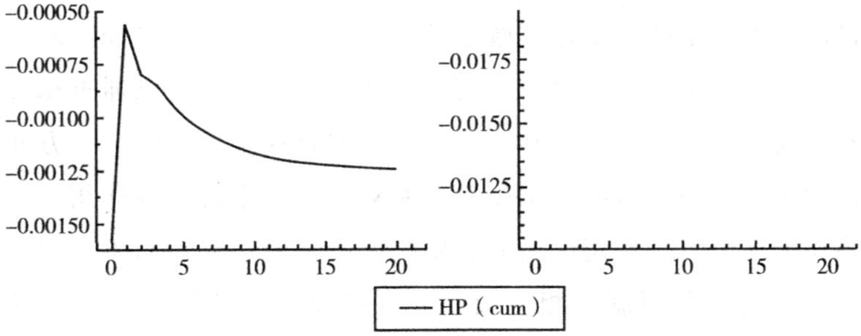

图 7-8　两区制下短期资本流动对房地产价格的冲击影响

第五节　本章小结

本章采取 2011 年 8 月到 2018 年 12 月的月度数据，通过构建包含短期资本流动、全球经济政策不确定性、人民币汇率预期、股票市场价格以及房地产市场价格的 MS-VAR 模型，分析了不同区制下各变量之间的非线性动态关系，得出以下结论：

第一，全球经济政策的不确定性可能会引发全球的市场参与者风险厌恶情绪的上升，而中国等新兴经济体成为国际游资“避险”集中地，因此，全球经济政策不确定性上升会引起短期资本流入和人民币汇率升值预期，成为引发我国短期资本流动系统性风险积累的主要外部动力。

第二，人民币升值预期与短期资本流入之间存在显著的顺周期效应，短期资本流入将会提升人民币在岸汇率升值预期，而人民币在岸汇率升值预期又会进一步引导短期资本流入，成为短期资本流动系统性风险积累的重要内生动力。

第三，短期资本流入在不同区制下引起股票市场与房地产市场的上涨与下跌，一方面反映出投资者对股票市场与房地产市场投资风险偏好的差异，另一方面也反映出两个市场之间可能存在相互关联，从而形成不同状态下的风险传导，即国内金融市场系统性风险积累的内生动力。这一内生动力也在很大程度上受到短期资本流入的推动而形成。

基于现阶段我国短期资本流动的规模日益扩大以及其本身的高投机性与强流动性，结合本章的理论与实证分析，我们提出以下建议：首先，要时刻关注经济政策不确定性的变化，通过逆周期因子等工具减弱经济政策不确定性对短期资本流动系统性风险积累的正向作用。其次，可以通过相关政策切断短期资本流入与人民币汇率升值预期之间的自我实现机制，一方面尽可能维持经济稳定，另一方面可强化在岸汇率对离岸汇率的引导作用，而非离岸汇率对在岸汇率的引导作用。最后，要格外关注经济稳定与不稳定状态，针对不同的经济运行区间制定相应策略，维持股票市场与房地产市场的相对稳定。

第八章

宏观审慎框架下国际资本流动管理思路

——兼论国际资本流动预警指标体系构建

第一节　系统性风险与宏观审慎管理：基本共识

2008 年全球金融危机暴发以来，无论是学术界还是实务界都在反思传统经济学在金融风险问题上讨论的缺失以及现有政策框架在应对系统性金融风险方面的缺陷。2011 年，国际货币基金组织、国际清算银行以及金融稳定理事会等国际性金融机构明确提出应对系统性金融风险的一套全新政策框架——宏观审慎政策框架。该框架强调以审慎工具为手段，以必要的治理架构为支撑，目的是合理、有效防范系统性金融风险的积累和暴发。尽管全球在应对系统性金融风险问题上运用宏观审慎政策框架予以管理的结论已经达到共识，但如何构建这一政策框架、其政策的实施与传统政策工具之间如何协调，目前在全球范围内并未达成一致。特别是在开放经济条件下，一国系统性金融风险的积累既可能是内部因素导致的，也可能是外部冲击引发的，那么决策部门应当如何构建一套完整且能有效识别国内外冲击因素的政策体系，就成为当前各国中央银行面临的艰难问题。

开放经济条件下，一国金融系统本身尽管存在许多难以协调的问题，但往往将这些原本并不显著的因素无限放大的冲击往往由外部因素所引致。而其他国家的各种经济、政治、文化因素的突变导致对本国经济产生的冲击往往通过国际资本流动渠道予以实现，因此，各国在防范外部因素导致的国内系统性金融风险的积累与暴发时，更多强调对国际资本流动进行宏观审慎管理，即把国际资本流动纳入宏观审慎框架当中。本章重点以宏观审慎框架为指导，以中国为研究对象，讨论我国国际资本流动的宏观审慎管理思路，为防范外部冲击对国内造成的风险积累与爆发提供解决思路。

一、系统性金融风险的定义及表现形式

所谓“系统性金融风险”，指的是金融系统中可能引发整个经济系统出现动荡或危机的风险。从表现形式上看，系统性金融风险爆发的概率较微观主体要小，但从损失上看却远远高于微观主体造成的损失。不同于微观主体一般性风险的简单加总，系统性金融风险的出现往往受三方面因素影响：一是微观主体的个体风险；二是微观主体之间的风险关联性；三是不同金融市场之间的风险关联性。其中前者强调系统性金融风险来源于微观主体，后两者则强调系统性风险经个体与市场之间的连接而被无限放大的过程。

从系统性金融风险的积累与暴发过程来看，其具备显著的顺周期性，即当发生外部冲击后，系统内重要变量之间会出现相互强化的过程，并最终表现为自我实现的螺旋上升。传统经济学中这种自我实现过程同样存在，如通货膨胀与通胀预期之间的相互强化，但系统性金融风险积累与暴发的过程相较于经济系统而言积累与暴发速度更快、程度也更加剧烈。从金融系统来看，这种自我实现的具体过程体现为：市场价格上涨——企业预期盈利与资产价值增加——融资环境改善——银行信贷增加——投资需求上升——价格进一步上涨，如此循环。反之，一旦价格出现下跌，上述循环过程出现反向变化，且会持续恶化。无论是正向循环还是逆向循环，都会在不同参与者主体、金融机构以及金融市场之间往复传递，最终导致整个金融系统风险的扩散。

由于市场参与者往往在信息搜集与认知能力方面具有现实约束，加之在非理性情绪作用下，系统性金融风险的积累会受到经济信号的错误引导，特别是微观个体在采取同一行为获利或避险时，往往会出现踩踏效应，最终导致风险暴发。具体来看，金融危机发生过程可分为风险积累与风险暴发两个过程。

第一，系统性风险积累过程。由于外部未预期到的冲击导致市场价格偏离原有的均衡状态，以价格上升为例，若此时宏观经济环境较为宽松，市场参与者对外部冲击最终导致的影响到底是暂时性影响还是永久性影响无法有

效识别。当参与者认为冲击所导致的影响可能是永久性的（或者持续时间很长），那么就会预期未来价格持续上涨可能性增大，最终会通过借贷方式施加杠杆进行看多投资，促使价格进一步上涨，由此获利；在第一批参与者获利效应显现后，会有更多微观主体参与进来，通过加杠杆方式刺激市场需求，进一步推动价格上涨。此时商业银行作为金融杠杆的主要施加者，在需求旺盛环境下发现有利可图，必然会加大资金供给，通过多种金融创新手段规避监管，使市场流动性变得更加充裕，资产价格进一步上涨。最终进入资产价格上涨——企业与机构盈利——乐观预期形成——投资需求增加的正向循环，系统性金融风险逐步积累。

第二，系统性金融风险暴发过程。当资产价格上涨到一定程度（远远偏离理论或理性价格）时，市场投资者的非理性预期在一定程度上可能会被扭转，此时所有参与者对宏观经济变量变化的敏感程度急剧上升。当市场上任何不利因素出现时，可能会导致市场参与者的乐观预期受到打击，直至消磨殆尽。最终出现“明斯基时刻”现象，所有投资者乐观情绪彻底崩溃，转变为极度悲观情绪，资产价格下跌——企业与机构亏损——悲观预期形成——投资需求萎缩的负向循环出现，系统性金融风险暴发。一旦这种情况出现，决策部门大多时候即使采取宽松的宏观调控政策也无法及时、有效地改变市场预期。只有在采取极端的货币政策（如量化宽松政策等）时才有可能延缓悲观情绪的进一步蔓延。但这种极端政策的实施往往会付出巨大的成本和代价，比如贫富差距拉大或政府的国际信誉受损等。因此，系统性金融风险的暴发对本国的经济金融系统会造成致命打击，最终引发经济危机。

二、国际资本流动系统性风险的积累与暴发

上述分析说明，系统性风险的积累和暴发可以在某个金融市场当中出现，也可能在整个金融系统中跨区域、跨市场地联动出现。从国际资本流动角度来看，其自身也可能受外部影响出现上述类似的风险积累与暴发过程。而国际资本流动的持续流入或持续流出，直接会成为影响国内系统性金融风险积累与暴发的重要诱因，影响一国经济平稳运行。因此，中央银行需要对国际资本流动的变化过程进行分析，并从中掐断正负反馈效应的持续演进，从而为防范外部风险向内传递构筑一道坚实的防线。

在满足特定条件下，国际资本流动同样会出现正反馈循环与跨部门传染，并最终成为实体经济顺周期性与金融加速器中的一部分。一般来说，国际资本流动的循环过程体现如下：首先，一国国内资产价格出现泡沫导致经济过热，将会吸引外部国际游资进入国内产生投机行为，表现为国际资本持续流入。这种流入对国内金融系统而言必然会增加基础货币供给，并在货币乘数的作用下使市场整体流动性呈倍数放大。由于大量国际资本流入的主要目标是在短期获得高额利润，因此大量流动性会进入盈利周期相对更短的金融市场，促使金融资产需求提升，资产价格进一步暴涨，最终形成类似上一节中提到的系统性金融风险的积累。伴随着价格偏离均衡状态的逐步加深，市场乐观情绪不稳定性加剧，对负面因素的敏感程度提升，并随之引发“明斯基时刻”。随后资产价格下跌，国际资本流出，本国货币贬值，国内流动性在货币乘数作用下成倍数下降，最终引发投资与资产价格循环式下跌（伍戈和严仕锋，2015）。具体过程见图 8－1。

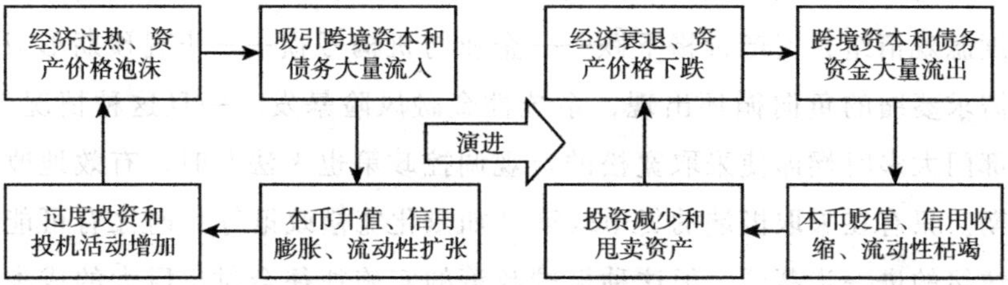

图 8－1　系统性风险的积累与暴发

三、国际资本流动的宏观审慎管理思路

2008 年全球金融危机后，各国针对国际资本流动实施宏观审慎管理已经基本达成共识，且一些国家已经开始针对国际资本流动的顺周期变化特征进行适当干预。而从实际情况来看，对国际资本流动实施干预的思想早在 1972 年就已经由著名经济学家托宾提出。当时针对一些国家国际资本流动频率过高，他建议应当对所有货币兑换有关国内证券和外汇即期交易征收税率统一的国际税。后人将这一税收政策称之为“托宾税”。随后，许多国家纷纷采取托宾税或类托宾税的相应政策，对国际资本流动进行干预。

具体来看，智利在 1991 年至 1998 年，为了有效防范外部资本输入形成的本国通胀压力，纷纷针对具有投机性质的贸易信贷、FDI 等缴纳 20%—30% 的无息准备金；而西班牙为缓解资本流出压力，要求对本国货币净卖出头寸征收 100% 的无息准备金，期限为 1 年。马来西亚在 1997 年亚洲金融危机后为有效缓解资本流出的压力，对证券投资流出的外汇兑换环节征收累进特别费用，提高资本流出的成本。巴西在 2009 年至 2012 年间针对国际收支中的证券投资、固定收益投资和短期外债投资等内容，在换汇过程中要求征收 2%—6% 的外汇交易税。韩国在 2010 年前后为应对国际资本过快流入的压力，对国内和国外银行持有的非核心类外币负债征收 0.2% 以下的宏观审慎稳定特别费用，与此同时还要求国内银行持有的外汇衍生品头寸不得高于上个月末权益资本金的 50%。

上述政策在短期确实在一定程度上抑制了国际资本的过快流入与流出，但这些政策仅从某一环节进行风险控制，长期来看无法从根本上防范甚至消除国际资本流动系统性风险的积累过程。主要原因是当前各国政府对国际资本流动所导致的系统性风险积累的过程与根源并未进行有效识别，即当前的各种政策仅仅是治标不治本。只有从真正意义上基于宏观审慎的思路对国际资本流动实施合理监管与预警，才能从根本上防范国际资本流动所导致的系统性金融风险积累与爆发。

系统性金融风险积累与爆发的过程中最突出的特点即为“顺周期性”。因此，宏观审慎框架的核心目标即为打破这一顺周期性所带来的风险积累与爆发。首先，应当对引起国际资本流动的原因进行有效识别。识别思路主要有两种：一是针对长期跨境资本与短期跨境资本的识别。如果国际资本流入或流出过程中伴随着短期投机性资本的大量扰动，监管部门就应当针对这种扰动实施合理监管，防止短期资本过快进出引致国内金融市场不稳定；而如果这种资本流动具有长期属性，比如进行长期投资或者包含了以贸易为标的的合理实质交易，那么这种资本流动长期来看对我国有利，不需要对其实施过度监管。二是针对短暂性冲击与永久性冲击的识别。如果国际资本流入或流出周期是短暂且扰动程度不大，那么监管部门无需对其施加监管成本；如果国际资本流入流出的周期较长，且对我国经济可能会造成永久性冲击，那么监管部门就需要对其进行有效甄别，防止永久性冲击对国内金融市场造成的不可逆影响。

对国际资本流动原因的识别理论上尽管是最为有效的，但从实际操作角度来看往往很难实现，就如同对资产价格波动的原因进行识别一样，很多时候往往在事前我们很难分清到底是什么原因导致的国际资本流动。此外，有些时候长（短）期资本流动以及永久性或暂时性资本冲击是混合在一起的，即使识别出来了也无法进行有效剥离，因此即使是宏观审慎框架也无法从根本上针对每个独立的原因实施独立的政策。有些时候就需要通过第二种方式，即对国际资本流动的变化进行监控和预警，通过构建能够有效预警国际资本流动可能对国内经济造成的负面扰动指标，提前对其进行监测，在一定程度上能够防范外部冲击对国内系统性金融风险的积累与爆发。第二种方式的可操作性相对更强，也更容易实施。

第三种方式为对国际资本流动的管理实施逆周期资本因子管理。这种方式类似于自助稳定器原理，通过对国际资本流动过程增加资本流入或流出环节的阻力，减少系统性风险头寸的过快积累。甚至在危机状态下，监管部门可适当采取激进的熔断措施，在一定程度上能够有效缓解非理性行为对金融市场造成的超调过程，从而为维护金融稳定争取时间与空间。

第二节　宏观审慎框架下国际资本流动预警指标体系的构建

一、逆全球化背景下我国国际资本流动的主要特征与管理方式

逆全球化背景下，我国国际资本双向波动愈发频繁。而国际资本流动可以通过扰动市场情绪、影响资产价格等方式对金融市场产生直接或间接影响，从而扰动宏观经济稳定运行。自 2008 年全球金融危机爆发以来，全球资本流动陷入低谷，特别是进入 2020 年后，全球在新冠肺炎疫情影响下经济陷入停滞，国际资本回流倾向明显，市场悲观情绪上扬。以美国为首的发达经济体为保护本国经济利益，纷纷采取极端的保护主义措施，致使全球经济逆全球化趋势确立，这又进一步加剧了全球国际资本流动的不确定性。因此，从全球视角来看，各国如何有效、合理地判断国际资本流动规模与方向变化并对其加以有效管理成为当前中央银行亟待解决的问题。

自 2015 年美联储加息以来，中国国际资本流动呈显著的顺周期特征。

2014 年至 2017 年，国际资本净流出规模达 1.72 亿美元，超过经常项目顺差总额的 50%，而储备资产在 2017 年前后也出现了迅速回落的情况。尽管随后我国通过实施有效的宏观审慎监管策略对资本流动施加了一定程度的约束，但在进入 2020 年后，伴随着逆全球化程度的加深以及全球新冠肺炎疫情的持续爆发，中国国际资本仍然承受着流出的压力。在国际资本流出与人民币贬值预期逐步形成的背景下，尽管中国的国际资本流动管理已经从“放流入、扩流出”逐步转变成为“流入、流出双向均衡管理”，但从国际资本流动预警的实际操作层面来看并未发生实质性转变。

伴随着我国资本与金融项目的逐步放开，国际资本流动的双向波动已成必然事实，因此只有对国际资本流动进行合理、有效的预警，才能在一定程度上有效防范外部冲击形成对国内系统性金融风险的积累与暴发。从实际情况来看，当一国的国际资本流入与流出呈现出显著的顺周期性时，就有可能迫使市场参与者倾向于资产本币化和债务美元化的倾向。一旦这种趋势持续下去，最终就有可能在国内市场形成系统性风险，甚至爆发跨境资本的流动性危机。特别是在逆全球化背景下，国际资本流动会通过改变汇率和资产价格从而影响市场参与者的投机行为，最终强化系统性金融风险积累与爆发的正反馈效应。因此，有必要测算并构建出一套能够有效衡量并识别国际资本流动顺周期性的指标体系，为判断我国国际资本流动长期顺周期趋势变化以及完善国际资本流动逆周期管理框架提供实践参考。

二、国际资本流动预警指标的选择

从我国当前实际情况来看，国际资本流动呈双向波动趋势愈发显著。而在金融开放水平逐步提高的背景下，由国际资本流动所引发的系统性风险的积累与提升可能性也在提升。因此，需要对国际资本流动制定合理的预警指标体系，选取能够有效预测我国国际资本流动未来走向与规模变化的重要短期与长期指标，及时制定相应的资本流动监管政策，做到早发现、早预警、早化解。

在构建预警指标体系过程中，首先需要对具有预警属性的基础性指标进行筛选。基于全球金融危机后国际资本流动形成的特征，可将基础性指标分为国内宏观经济环境、国内金融市场状况、外部金融状况和外债风险四个方面，争取维护最终指标体系的全面性与稳健性。样本选取为 2008 年至 2018

年月度数据，这一期间能够有效、合理体现全球金融危机后国际资本流动规模的变化特征。基础性指标的具体选择见表 8－1，所有数据来源于中经网、国家外汇管理局官网、中国人民银行官网和 Wind 数据库，并经过季节调整和变化率测算以达到去量纲目的。

表 8－1　跨境资本流动监测预警备选指标

类型	层次	变量	数据来源
国内宏观经济环境	经济发展	经济增长率	中经网
		规模以上工业增加值增长率	
		PMI 指数	
	货币发行	M2 增长率	
	信贷投资	新增信贷增长率	
		实际利用外资增长率	
	进出口规模	出口额增长率	
		进口额增长率	
金融市场风险	货币市场	商业银行不良贷款率	Wind 数据库
	资本市场	上证指数月收益率	
		中债综合指数月收益率	
		国房景气指数变化率	
	大宗商品市场	全球黄金指数月收益率	
		全球原油指数月收益率	
	全球风险指数	VIX 指数	
外部金融状况	外汇储备	外汇储备增长率	外汇管理局
		外汇储备充足率	
	汇率	境外一年期 NDF 升贴水率	Wind 数据库
		实际有效汇率指数变化率	
	利差	国内外银行间同业拆借市场利率差	
外债风险	外债增长规模	外债余额增长率	外汇管理局
	外债期限结构	短期债务率	
	外债清偿能力	外债清偿率	

表8-1中，国内宏观经济环境主要包括经济发展、货币发行、信贷投资和进出口规模四类二级指标，其中经济发展指标中包含了经济增长率、工业增加值增长率和PMI指数3个三级指标，用以衡量一国经济发展实力；货币发行主要选择M2增速作为三级代理指标；信贷投资中，由于信贷资金来源包括国内与国外，因此选取新增信贷增长率和实际利用外资增长率2个三级指标从内外两个方面进行整理衡量与评价；进出口规模方面选择进口增长率与出口增长率共同作为三级代理指标。金融市场风险方面，主要使用代表性价格指标的变化率体现风险波动的情况。具体来看，货币市场风险选择商业银行不良贷款率作为代理性指标；资本市场选择股票（上证指数）、债券（中债综合指数）和房地产（国房景气指数）三个方面共同代表；大宗商品市场方面使用全球黄金与原油价格指数作为代理变量；而全球风险方面，使用具有代表性的VIX指数作为代理变量。外部金融状况方面，使用外汇储备、汇率与利率3个变量进行代理；外债风险方面，主要用外债余额增长、短期债务率和外债清偿率作为衡量外债风险的代理指标。

上述指标中，部分指标为原始指标，可在相关数据库中直接获取；另外部分指标需要经过相应处理才可获取。具体来看，国内外银行间同业拆借市场利率差，使用3个月SHIBOR与3个月LIBOR的数值差额来衡量短期货币市场利率波动；实际有效汇率指数使用原始数据的HP滤波值进行趋势变量的衡量。境外一年期NDF升贴水率的测算方法为：（当月NDF平均值-当月CNY中间价平均值）÷当月CNY中间价平均值。

三、国际资本流动的测算方法与测算结果

由于国际资本流动分为短期资本流动和长期资本流动两个方面，其中短期资本流动往往使用间接法进行测算，即短期资本流动=外汇占款增量-贸易差额-FDI实际利用额；长期资本流动往往使用FDI作为代理变量，因此综合来看国际资本流动可使用“外汇占款增量-贸易差额”进行测算。本节测算了2008年1月至2018年12月国际资本流动的变化情况，具体见图8-2。

从图8-2的变化趋势中可以发现，中国国际资本流动呈显著的双向波动特征，且变化趋势为双向偏流入——双向偏流出。具体来看，2008年至2013年间，国际资本流入趋势明显，但在少数时期也伴随着流出的扰动。这一阶

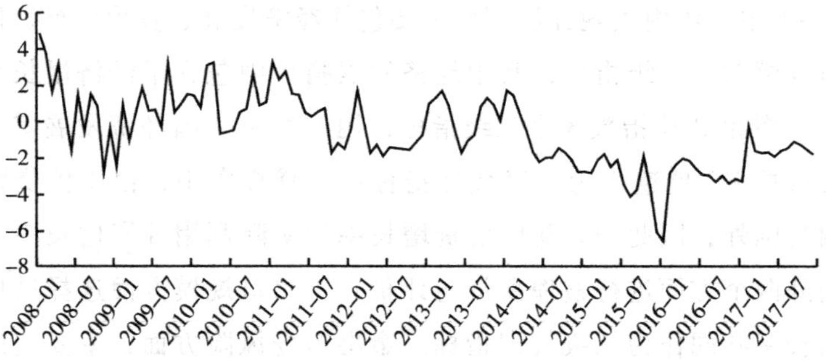

图 8-2　中国国际资本流动变化趋势图（2008—2018 年）

段的流入特征主要受全球金融危机影响，发达经济体进入经济衰退周期，并纷纷采用量化宽松政策抵御负面冲击，最终导致本币贬值、发展中国家货币被动升值，促使国际资本流入中国等发展中国家；而在 2014 年至 2019 年间，以美国为首的发达经济体衰退趋势得以缓解，宽松政策存在收紧预期，致使发展中国家国内资本存在流出风险。图 8-2 能够较为有效地描绘出中国国际资本流动的关键时点特征，因此可以作为预警指标的参照系进行对比分析。

四、同步指标与先行指标的选择

以国际资本流动为参照系，以上文选择的基础性指标作为备选指标，运用格兰杰因果关系对备选指标进行筛选，提取出其中的同步指标与先行指标。其中同步指标指的是备选指标中与参照指标之间互为格兰杰因果关系的相应指标，而先行指标指的是备选指标对参照指标存在单项格兰杰原因的相应指标。若参照指标是备选指标的单项格兰杰原因，则该指标为滞后指标，其余均为参考指标。根据这一方法对上述备选指标进行筛选，最终可确定出先行指标、同步指标、滞后指标和参考指标。具体筛选指标结果见表 8-2。

表 8-2　　格兰杰因果检验结果

类型	变量
先行指标	新增信贷增长率、境外一年期 NDF 升贴水率、VIX 恐慌指数
同步指标	经济增长率、规模以上工业增加值、M2 增长率、实际有效汇率指数、外汇储备增长率、全球原油指数月收益率、上证指数月收益率

续表

类型	变量
滞后指标	实际利用外资增长率、进口额增长率、境内外银行间同业拆借市场利率、商业银行不良贷款率
参考指标	PMI 指数、外汇储备充足率、外债余额增长率、短期债务率、外债清偿率、全球黄金指数月收益率、中债综合指数月收益率、出口额增长率、国房景气指数

表 8 -2 结果显示，先行指标中包含了新增信贷增长率、境外一年期 NDF 升贴水率和 VIX 恐慌指数 3 个基础性指标；同步指标中包含了经济增长率、规模以上工业增加值、M2 增长率、实际有效汇率指数、外汇储备增长率、上证指数月收益率和全球原油指数月收益率 7 个基础性指标。其余指标均为滞后指标或参考指标。可以发现，在先行指标与同步指标中，国内宏观经济环境相关指标占据了主导地位，这也说明了当前我国国际资本流动变化的主要原因为国内因素，且这种国内因素会逐步形成显著的顺周期性。具体来看，当国内经济环境恶化时，国内投资吸引力下降，国际资本呈现外流趋势，同时也会在国内基础货币被动收紧的情况下整体流动性水平缩减，致使本国货币产生贬值压力，加速了本国企业在资产本币化和债务美元化特征基础上的实际债务负担，进一步强化资本外流趋势，形成恶性循环。因此，在进一步实现国际资本流动预警管理的过程中，需要对先行指标与同步指标进行合理约束。

第三节　国际资本流动预警指标体系的构建

一、国际资本流动预警指标的构建思路与测算过程

在筛选出了同步指标与先行指标后，为避免多指标体系下的多重共线性，本节使用主成分分析法对各指标进行综合降维，转变为具有代表性但不存在关联性的综合指标，对国际资本流动的前置信息进行全面、合理描述，并将信息损耗降至最低。

一般情况下，利用主成分分析法构建新指标时，往往需要三个步骤：第

一步是利用选取指标的相关系数矩阵求出相应的特征值及其积累贡献率；第二步是在特征值选择时提取出大于1或积累贡献率在80%以上的主成分，利用相应时序数据计算原始因子载荷矩阵；第三步是基于原始因子载荷矩阵采用最大方差法进行正交旋转，利用旋转后因子载荷矩阵求得各主成分函数表达式，并在此基础上以方差贡献率作为权重依据合成综合预警指数。

在进行主成分分析前，需要对原始数据进行标准化处理，消除异质性量纲产生的不利影响。假设标准化处理后的变量为 $ZXi(i=1, 2, \cdots, 10)$，进一步对上文筛选的10个同步指标与先行指标进行可行性分析。结果显示，KMO值为0.6881，超过了预设0.600标准线以上；Bartlett球形检验显著性为0.003，在1%显著性水平下拒绝原假设，主成分分析结果有效，可进一步对相关系数矩阵的特征值、积累贡献率和旋转后因子载荷矩阵进行测算，具体结果见表8-3和表8-4。

表8-3　　相关系数矩阵的特征值和累积贡献率

成分	初始特征值			旋转后特征值		
	总计	方差%	累积%	总计	方差%	累积%
1	5.174	51.737	51.737	5.161	51.611	51.611
2	1.329	13.294	65.031	1.335	13.347	64.958
3	1.010	10.098	75.129	1.017	10.171	75.129
4	0.911	9.106	84.235			
5	0.624	6.242	90.477			
6	0.449	4.490	94.967			
7	0.287	2.865	97.833			
8	0.122	1.215	99.048			
9	0.095	0.947	99.995			
10	0.000	0.005	100.000			

表8-3结果显示，主成分中前3个成分特征值分别为5.174、1.329和1.010，其值均大于1，因此可以提取到前3个主成分，且3个主成分旋转后的方差贡献率分别为51.611%、13.347%、10.171%，累积贡献率为75.129%，说明所提取的3个主成分包含了原变量数据75.129%的信息，解

释能力较强，可用其代表原变量做实证分析。

表 8－4　　　　　　　旋转后因子载荷矩阵

变量	主成分		
	1	2	3
短期资本流动	0.810	－0.115	0.186
经济增长率	0.857	－0.303	0.066
M2 增长率	0.802	0.163	－0.017
规模以上工业增加值	0.033	0.110	0.965
新增信贷增长率	0.119	0.840	－0.027
出口增长率	－0.901	－0.176	0.103
外储增长率	0.904	－0.087	－0.012
境外一年期 NDF 升贴水率	－0.809	0.308	－0.110
短期债务率	－0.904	－0.171	0.102
布伦特原油指数月收益率	0.114	－0.569	－0.112

表 8－4 中，利用第一主成分的各系数除以第一主成分的算术平方根，可以得到第一主成分在原变量线性组合 F_1 中的 ZX_1 前的系数，同理也可以得到 ZX_2，ZX_3，…，ZX_{10}的前置系数。最终，可以得到 3 个主成分具体表达式：

$$F_1 = 0.3565\ ZX_1 + 0.3772\ ZX_2 + 0.3530\ ZX_3 + 0.0145\ ZX_4 + 0.0524\ ZX_5 - 0.3966\ ZX_6 + 0.3979\ ZX_7 - 0.3561\ ZX_8 - 0.3979\ ZX_9 + 0.0502\ ZX_{10}$$

$$F_2 = -0.0995\ ZX_1 - 0.2622\ ZX_2 + 0.1411\ ZX_3 + 0.0952\ ZX_4 + 0.7270\ ZX_5 - 0.1523\ ZX_6 - 0.0753\ ZX_7 + 0.2666\ ZX_8 - 0.1480\ ZX_9 - 0.4925\ ZX_{10}$$

$$F_3 = 0.1845\ ZX_1 + 0.0655\ ZX_2 - 0.0169\ ZX_3 + 0.9573\ ZX_4 - 0.0268\ ZX_5 + 0.1022\ ZX_6 - 0.0119\ ZX_7 - 0.1091\ ZX_8 + 0.1021\ ZX_9 - 0.1111\ ZX_{10}$$

再根据主成分方差贡献率的具体权重，最终构建出国际资本流动的综合预警指数：

$$CI = (51.611\ F_1 + 13.347\ F_2 + 10.171\ F_3)/75.129$$

其中，CI 表示综合预警指数。最后，根据时序序列测算出预警指数的变化趋势，具体情况见图 8－3。

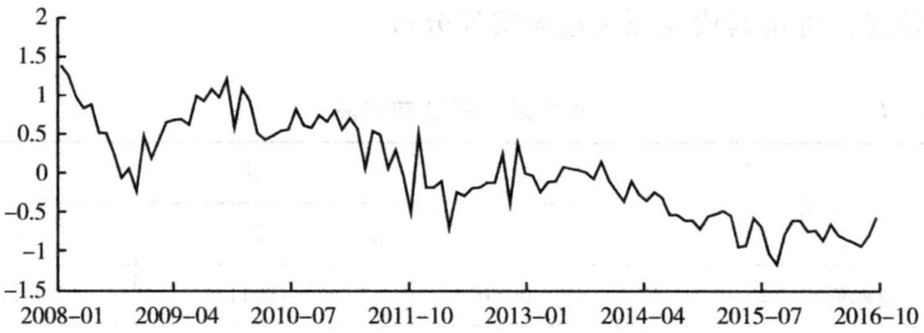

图 8－3　我国国际资本流动预警指数变化趋势

二、国际资本流动预警指数检验及变化分析

图 8－3 显示了我国国际资本流动预警指数的变化趋势。该指数的经济含义包括以下三个方面：首先，单一时点的数值没有特定含义，仅仅为加权平均的最终结果，在分析其变化时要看不同时点数值之间的变化趋势；其次，预警指数的正负性不能代表国际资本的流动方向，仅能通过数值之间趋势变化判断流动方向的变化趋势，如预警指数上升，表示国际资本净流入（出）规模越大（小），而当预警指数下降，则表示国际资本净流入（出）规模越小（大）。最后，由于所测算预警指数为标准化后的数据，因此可依据预警指数的具体结果测算出相应的国际资本流动真实数值，最终对国际资本流入、流出进行定性判断。

具体来看，2008 年以来我国的国际资本流动呈显著的震荡下行趋势，说明国际资本流动风险由流入风险逐步向流出风险转变。分时段来看，可以讨论三个不同阶段：第一阶段为 2008 年至 2010 年，这一阶段尽管在 2008 年末至 2009 年初国际资本流动出现过短暂的流出风险，但整体仍表现为强劲的流入态势。形成这一反弹趋势的原因主要包括内外两方面因素：内部因素主要受国内扩张性财政政策影响，国内经济增速反弹明显，对外资吸引力度加大，国际资本流出压力在短时间能够得到有效缓解；外部因素主要受全球量化宽松政策影响，主要货币在过度超发情况下出现贬值趋势，国际游资为防止贬值风险纷纷进入新兴经济体，致使以中国为代表的发展中国家出现明显的资本流入反弹。第二阶段为 2010 年至 2013 年，这一阶段预警指数主要体现为 0 值上下波动，反映了当时我国的国际资本流动风险无论是从流入还是流出角度看都相对较小。这一过程仅在 2012 年欧债危机前后出现了短暂的下行，但由于欧洲主权债务问题与中国关联性相对较弱，因此短期内也出现了快速反弹。第三阶段为2013年至今，这一阶段的特征为国际资本流出风险显著加大，同样可从国内外两方面进行分析：国内方面，由于2013年中期我国影子银行的迅速发展，甚至出现了具有代表性的“钱荒”事件，直接导致我国金融系统不稳定程度上升，国内投资偏好逐步减弱；国外方面，由于量化宽松政策进入后期，全球主要经济体经济周期回到上升轨道，特别是2015年以来美国进入加息周期，美元升值倾向明显，国际资本流出趋势愈发显著。而在随后中美贸易摩擦加重的背景下，全球资本回流倾向明显，我国承受着前所未有的资本流出压力，因而这一预警指数下降趋势十分明显。伴随着当前全球新冠肺炎疫情的暴发，各国经济陷入衰退，外部投资者基于避险情绪必然会撤回前期的海外投资，致使中国国际资本流出压力加剧，对我国系统性金融风险积累的促进效应进一步提升。

为验证预警指数的预测效果，我们需要利用GARCH模型通过对样本外数据进行建模观察。我们利用2008年至2018年的数据进行预警指数构建，其中对2008年至2017年数据进行实际数据模型设定，2018年为样本外检验。具体检验结果见图8-4。

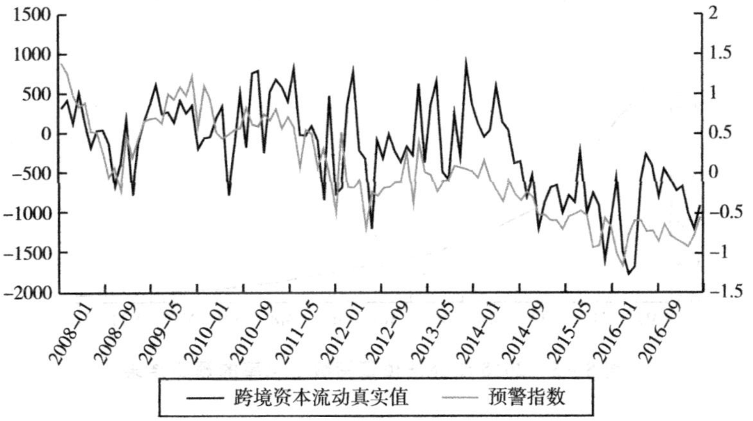

图8-4　中国国际资本流动真实值与预警指数的走势图对比

图8-4结果中，国际资本流动的真实值与预测值之间存在显著的关联性，相关系数高于0.72，说明两者拟合度较高，但小部分区域中两者仍具有一定的偏离。总体来看，真实值的波动水平要高于预警指数的波动情况，这也反映出监管部门在使用该指数预警国际资本流动变化趋势时，其做出反应

的决策时机频率应该相对较低，这也比较符合宏观审慎监管框架的基本原则。在此基础上，我们再利用格兰杰因果检验法对国际资本流动的真实值和预警值进行检验，发现在滞后一期的情况下，预警指数是国际资本流动的格兰杰原因，且对国际资本流动保持着显著的领先关系，说明预警指数具有显著的预警效果（见表 8-5）。

表 8-5　　跨境资本流动真实值与预警指数的格兰杰检验结果

原假设	F 值	P 值	结论
预警指数不是跨境资本流动的 Granger 原因	9.53901	0.0025	领先
跨境资本流动不是预警指数的 Granger 原因	0.0274	0.8688	

最后，我们再利用 GARCH 模型进行外推预测检验。分别设定 GARCH(1，1)、TGARCH(1，1) 和 EGARCH(1，1) 模型进行对比选择，基于 AIC 与 SC 准则最终选择 EGARCH(1，1) 模型作为最优外推检测模型。结果显示，预警指数在 2018 年 1 月至 3 月出现了急剧下降趋势，而在后续逐步平稳。从实际情况来看，2018 年国际资本流动实际值的 3 月同比变化率为 -1.62%，而后续平均变化幅度仅为 13.98%，说明预警指数与实际值之间的走势基本相符，证明了预警指数的有效性（见图 8-5）。

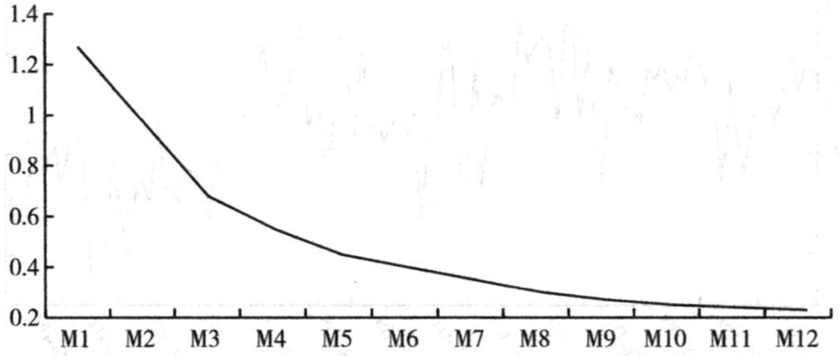

图 8-5　2018 年外推预警指数变化率的预测结果

第四节　本章小结

本章以宏观审慎框架为思路，在前文对国际资本流动波动特征、影响因素与外部效应等分析基础上，讨论对国际资本流动监管的具体方法与策略。

首先提出基于系统性风险约束下的宏观审慎管理内容，然后在此基础上分析国际资本流动中系统性风险属性的特征以及新兴经济体在应对国际资本流动风险时采取的具体宏观审慎政策，最后基于主成分分析法构建了一套能够有效预测和预警国际资本流动风险的指标体系，得到以下两点结论：第一，中国的国际资本流动变化具有显著的顺周期性。由于我国国际资本流动的先行指标与同步指标中，国内宏观经济运行状况指标占比相对较高，说明国内宏观经济变量与国际资本流动之间的关联性更强。一旦国内经济出现衰退，必然会导致国际资本迅速流出，又会对国内经济造成打击，如此形成恶性循环，国际资本流动的系统性风险开始积累与爆发。第二，中国国际资本流动风险由流入风险向流出风险转变。这一结论说明，中国由国际资本流动所引起的系统性风险积累过程已经基本完毕，逐步开始进入系统性风险爆发阶段。这一阶段如果监管部门的相应策略不能得到及时调整，可能会使国内资本市场更快地进入“明斯基时刻”，陷入恶性循环，最终引发严重的金融危机与经济衰退。

因此，我国应当及时构建能够有效预测国际资本流动方向与规模变化趋势的预警指标体系，作为我国国际资本流动变化的风险标，以此为依据对国际资本流动进行合理管理。只有这样，才能防止国际资本流出引爆系统性风险，最终实现经济稳定增长目标。具体来看，应当做到以下几点：一是构建与完善国际资本流动预警机制。监管部门可借鉴本书构建的跨境资本流动预警指标体系，结合不断变化的全球经济金融环境与形势，对我国跨境资本的大幅波动做出有效的前瞻性预警，防止跨境资本流出风险的积累和加剧，做到风险的早发现、早预警、早化解。二是积极创新国际资本流动管理工具。在当前逆全球化背景下，中国正面临着显著的跨境资本流出风险。许多新兴经济体利用托宾税等手段对国际资本流动开始实施有效合理监管。监管部门可借鉴其他国家的过往经验，通过引入逆周期因子工具等方式，在跨境资本流出缺口扩大时提高交易的显性与隐性成本，降低投资需求，防止跨境资本进一步流出对国内经济带来的负面影响。三是进一步优化和完善外汇市场运行机制。在当前人民币汇率制度改革逐步进入深水区的背景下，监管部门可进一步提升人民币汇率定价弹性，有效缓释国内外环境变化对跨境资本流动造成的冲击；同时还应当培养投资者树立合理的风险防范意识，引导市场参与主体制定理性的投资决策，防止外汇市场出现“羊群”效应。

第九章

加密资产对资本流动管理的挑战

第一节　全球资本流动管理措施的内涵与特征

一、资本流动管理的内涵与主要内容

随着全球一体化进程的不断演进，世界范围内贸易、投资等跨国经济活动的份额不断增长，这使得资本流动在全球经济中的重要性日益提高。资本流动的自由化一度被认为是一国经济增长的主要推动因素之一，因而受到各国政府与国际机构的强力推崇。不可否认，资本流动可以优化一国的资源配置效率，提高金融部门的国际竞争力，推动行业的技术进步与创新，拉动国民的福利水平。

虽然资本流动的自由化为诸多国家国带来了巨大的经济利益，尤其是为那些金融业高度发达的国家，但是1997年的亚洲金融危机使人们认识到，对于金融部门发展相对落后的国家来说，无限制的自由化会带来经济上的危害，包括加剧社会宏观经济波动与金融部门的脆弱性。同时，由于国际经济贸易的密切联系，这种危害会蔓延至世界各国，进而阻碍全球化进程。后来，2008年全球金融危机暴发，即使是金融业高度完善的发达经济体也受到了大规模与持续性的资本流动所带来的负面冲击。

自亚洲金融危机之后，各国政府与国际机构开始转变对待资本流动自由化的态度。全球金融危机暴发后，各国政府陆续将宏观审慎监管纳入金融体系。再之后，国际资本流动的趋势也发生了转变，由过去的资本流动主要发

生在发达经济体之间，转变为新兴经济体与发展中国家的资本流动不断提高。

在这样的背景下，国际货币基金组织（IMF）于2012年发表了《资本流动的自由化和管理：机构观点》（后文简称为IV）一文。这篇文章总结了各国应对资本流动的政策经验，提出了新的资本流动自由化理念。IV指出，强有力的宏观经济政策与金融部门政策可以有效地应对资本流动危机。此外，资本流动的自由化并不排除在必要的时候，如资本流入激增或流出危机时，重新临时启用资本流动管理措施。这种精心设计的自由化进程可以在节约资本流动管理成本的同时实现经济目标，及时预防或减缓资本流动所带来的危害。

政府进行资本流动管理通常考虑的是宏观经济政策、金融部门政策以及专门用于限制资本流动的措施。其中，最后一类政策在IV中被IMF统称为“资本流动管理措施（Capital Flows Management Measures，CFMs）”。IMF着重强调了CFMs在应对资本流动危机与推动资本流动自由化进程中的重要性。

CFMs旨在限制资本流动，可以说是与资本流动自由化完全相反的概念。资本流动自由化的实现方式就包括逐步地取消CFMs。但是，随着全球资本流动呈现出增加的趋势，资本流动风险也因自由化进程而被放大，各国政府不得不考虑一些针对资本流动的管理措施。尽管有着宏观经济政策与金融部门政策这些应对资本流动风险的常规手段，但在某些情况下，临时实施CFMs可以更好地支持这些政策并维持金融系统的稳定。

表9－1为IMF列出的部分国家实施过的资本流动管理措施。其中的CFMs大体可分为两类：一是基于居民与非居民的区分，通过税收、法规等方式影响跨境的金融活动，这类措施一般被称为资本管制；二是没有基于居住地，而是基于货币或其他非金融形式进行区分，其中基于货币进行区分的审慎措施被经济合作与发展组织（OECD）称为Currency Based Measures（CBM），这类措施的目的大多为限制资本流动。

表9－1　　IMF列出的部分资本流动管理措施（CFMs）

CFMs类型	措施的具体要求
限制	限制开发商对非居民出售房产；限制外国直接投资；限制企业对外放贷；限制提取外币钞票；限制银行境外外币借款；限制银行外汇衍生品合约的最高限额；限制国有企业净外国资产规模；实施资本流动宏观审慎评估（MPA）框架
税收	对非居民的房产及房产收益征税；拓展非居民资本利得税；对外国贷款征税；对银行的非存款外币负债实行宏观审慎征税；实行海外转移税

续表

CFMs 类型	措施的具体要求
准备金要求	银行离岸存款准备金要求；外币远期合约和其他衍生交易的准备金要求
禁止/许可	禁止/许可银行账户的开设；禁止/许可特定货币计价的出售和清算资金的跨境转移；禁止/许可向非居民借贷；禁止/许可在境内外汇市场购汇偿还公司间跨境贷款
其他	调整非居民的抵押资产价值比（LTV）；强制将出口收益部分汇回国内并兑换为本币

资料来源：作者根据 IMF 资料整理。

尽管 IMF 提出的新的资本流动自由化进程中不排除重新临时实施 CFMs，但还是极力地去避免使用这一政策。这是由于实施 CFMs 会给一国的经济运行带来很大的成本。CFMs 的实施不仅会约束外部融资条件和国内资产多样性，还会严重地扰乱国内金融市场的纪律，引发寻租行为等道德风险。正因如此，CFMs 在实际操作中受到诸多的限制。

IV 认为，CFMs 的设计应该具备如下三点性质：临时性、透明性和非歧视性。临时性，是指 CFMs 的实施仅在资本流动危机时期才临时启动；透明性，是指政府应当及时公开并有针对性地实施 CFMs，减少市场混乱；非歧视性，是指政府应当首选不区分居民与非居民，或这种歧视性最低的 CFMs。只要 CFMs 具备了这些性质，其在运作时给社会经济带来的成本就可以得到极大地缩减。

二、资本流动管理的实施原则及与宏观审慎管理之间的关系

由于实施 CFMs 会给社会经济运作带来成本，因此宏观经济政策和金融部门政策是应对资本流动风险的优先方式。当面对复杂内外部经济环境时，一国政府为了有效地应对资本流动风险，有时则需要临时使用 CFMs。CFMs 的使用可以分为应对资本流入激增和应对资本流出危机这两种形式。

（一）应对资本流入激增

适当的资本流入可以让一国吸收国外资金投入国内的生产性投资，有利于经济增长。但是当资本流入激增发生时，宏观经济政策和金融部门政策可

能一时难以调节国内的经济波动，导致国内资本市场和货币市场发生扭曲。而流入激增的现象有时会突然停止甚至逆转，因此长期性的经济政策难以处理这一问题。

为抵消资本流入激增的负面影响，政府可以优先考虑通过宏观经济政策调整经济波动和金融稳定风险。这些政策包括降低利率、汇率升值以及通过外汇干预积累国际储备，具体政策的选择取决于该国内外部的经济状况。

当处于特殊的经济状况时，如果宏观经济政策的调整空间有限（如图9－1所示），或者宏观经济政策在发挥作用前存在一定的时限，那么建议政府可临时采取CFMs以支持宏观经济政策并缓解流入激增对社会经济波动的影响。此外，当资本流入激增引发了国内的金融稳定风险时，政府实施的应对资本流动的宏观审慎政策也可以被视为CFMs。由于CFMs的实施存在经济成本，以及其有效性存在限制，它不应当替代原有的宏观经济政策或结构性政策，而仅是支持这些政策。

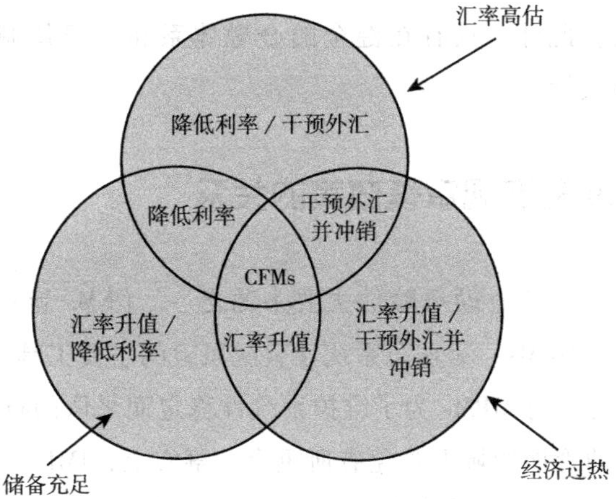

图9－1　不同经济状况下应对资本流入激增的政策选择①

（二）应对资本流出危机

资本外流是经济开放的自然结果，但是有时一国可能会发生大规模的、持续性的资本外逃，我们称为“资本流出危机”。破坏性的资本流出会对一

① 不同的圆代表不同的经济状况，多个圆重叠的部分代表多种经济状况同时发生。IV认为，当三种经济状况同时发生时，宏观经济政策缺乏灵活性。

国的国际储备、货币政策、金融稳定和产出水平造成负面冲击。资本流出危机的发生通常与国内的经济危机相关，也有可能被一国的内外部经济因素所驱动。

当资本流出危机发生且没有经济危机的预兆时，建议政府首先考虑应用宏观经济政策和金融部门政策处理问题。全球金融危机期间的国际经验表明，稳健的宏观经济政策和金融部门政策是一国能够安全地承受并管理资本流出的坚实保障。

然而当经济危机发生时，或者政府部门预测经济危机在短时间内即将发生，这时资本外流的内外部冲击很大，外流的规模是高度不确定的，那么宏观经济政策或金融部门政策的调节效果可能十分有限。在这种情况下，临时实施的 CFMs 可以有效地防止一国汇率和国际储备的下落式暴跌，甚至可以避免经济危机的全面暴发。

需要注意的是，CFMs 的实施只能够暂时性地应对经济危机所导致的资本外流。政府只有采取合理的宏观经济政策和金融部门政策，才能够从根源上解决经济危机。此外，只有在健全的金融体系和监督体制下，CFMs 才能够发挥充足的有效性。

三、CFMs 和宏观审慎政策的关系

资本流动是系统性金融风险的主要来源之一。CFMs 旨在限制资本流动，而宏观审慎政策（MPMs）是防范系统性金融风险的主要工具。CFMs 限制资本流动的行动很有可能与 MPMs 为了维护系统性稳定而采取的行动达成一致，因此两者在资本流动管理领域上难免有所重合。事实上，IMF 和 OECD 提出过一些既是 CFMs，又是 MPMs 的特殊工具。工具的具体措施及实施目标见表 9－2。

表 9－2　　资本流动管理与宏观审慎管理的共同工具比较

类型	具体措施	实施目标
限制	限制银行外汇衍生品合约的额度	通过增加衍生品交易成本，限制银行对短期外部资金的依赖，减轻了外汇资金和不稳定的资本流入导致的系统性流动性风险
	限制银行对非居民短期负债的每日余额	增加银行使用的来自非居民的短期资金成本，减少了银行对短期外部融资的依赖，并间接抑制由资本流入导致的过度信贷增长

续表

类型	具体措施	实施目标
税收	对非居民额外征收住宅的买方印花税	增加非居民购房成本，减缓了房地产市场因资本流入过热而导致的系统性风险累积
	银行对期限短于一年的非存款外汇负债征税	增加短期非核心外汇的资金成本，限制了资本流动大幅变动导致的系统性影响
准备金要求	境内银行与非居民进行外汇掉期和远期交易的准备金要求	通过增加交易成本，减轻了短期资本流入导致的银行资产负债表货币增加和期限错配引起的系统性流动性风险
	银行信贷额度和其他短期对外担保的准备金要求	增加银行依赖外部资金的成本，防止外汇借贷导致的系统性风险累积

CFMs和MPMs之间也存在着本质上的区别。CFMs的核心目标在于对资本流动的规模和结构的管理，MPMs的核心目标在于维持系统性金融稳定，它们只是在某些时候间接地影响到了对方的政策目标。核心目标的不同致使政府实施CFMs和MPMs的思路存在差异。CFMs侧重于对跨境金融活动进行快速的直接干预，而MPMs通常更加温和。CMFs这样的特性导致其经济成本很高，因此只能临时使用，而MPMs作为维护国内金融稳定的一环，应当合理地降低其经济成本。此外，根据现有的国际政策经验，新兴经济体更加倾向于使用MPMs管理资本流入，而CFMs在控制资本流出时表现更优①。

在过去，一国CFMs的实施权力可能会分散在不同的监管机构。然而全球金融危机爆发后，欧洲、美国等发达经济体纷纷设立专门的宏观审慎监察机构，这些机构同时负责资本流动的管理。因此，不论是CFMs还是MPMs，都由一个一致的机构协调实施，这样就避免了政策的重复或冲突。近年来，许多发展中国家也开始不断重视微观审慎和宏观审慎两位一体的监管框架，完善自身的金融体系。以我国为例，虽然政府尚未设立专门的宏观审慎机构，但是中国人民银行在2021年牵头成立了宏观审慎的管理部门，为我国提高防范化解系统性金融风险能力和建立完善的金融体制做出了巨大贡献。

既然CFMs和MPMs的行动有所重合，那么既是CFMs又是MPMs的工具在概念上很有可能被混淆。然而在实际操作中，既是CFMs又是MPMs的工具被IMF归类为特殊的CFMs。这是因为这些工具的表面目的就是去限制资

① 这一观点来自国内学者张宇阳《宏观审慎政策在国际资本流动管理中的应用》一文第五节。

本流动，虽然限制资本流动最终的目的又是维护金融部门的系统性稳定。这些特殊的CFMs可以被视为通过直接影响跨境金融活动来维护金融系统稳定的工具，是经济危机时期政府应对系统性风险累积的特殊政策。由于在直接干涉资本流动过程中，既是CFMs又是MPMs的工具同样存在经济成本的问题，因此也应当被政府仅仅作为宏观经济政策和金融部门政策的辅助工具而临时使用，在度过危机之后通过更加温和的MPMs来替代这些政策。

与常规CFMs不同的是，既是CFMs又是MPMs的工具的作用主体主要是银行，通过增加银行的跨境金融活动成本来抑制资本流动，减少系统性风险累积。而常规CFMs的作用主体不仅仅涉及银行等金融机构，通常还会限制企业的跨境金融活动和贸易业务。

第二节　加密资产对资本流动管理措施的影响分析

一、加密资产的概念及特点

不同国家和地区对加密资产的术语使用有着不同的习惯，主要包括加密货币、数字货币、虚拟货币、代币、加密资产等。2018年G20峰会将“虚拟货币”改称为“加密资产”（Crypto asset），其后日本在2019年修正的《支付服务法》和《金融工具与交易法》也将“虚拟货币”改为“加密资产”，英国同样采用了“加密资产”的表达方式。

国际上目前还没有对加密资产进行统一的分类，比较普遍的观点是，加密资产是一种统称，指的是与区块链技术相关的一种新型资产类别。加密资产本质是一种私人发行的数字资产，主要依靠密码学和分布式账本技术进行交易数据的记录和保存，无需第三方中介就可以在网络用户之间自由转移价值。比特币是最早发行的加密资产，是以自己的面额发行的，不是任何实体的负债，也不由其他资产支持。稳定币是一种较新的加密资产，其价值与稳定的传统法币挂钩，或者由黄金、石油、房地产等资产作为背书，因此稳定币的价值较为稳定。

目前加密资产可以简单分为Coin（硬币）和Token（通证）。Coin是绑定某条主链的单纯的原生数字货币，只有货币功能，如比特币和莱特币。而实际上由于比特币的高波动性，其具有较好的交易媒介功能却不具备记账单位和价值存储两个功能。Token 本质上只适用于特定场景的虚拟资产或简化智能合约，可以赋予持有者参与某个区块链网络的权利。例如，以太坊 Token，本身是以太坊网络交易数字证据的凝结，是用于在以太坊网络上使用功能的简化智能合约，是表示在以太坊网络中权益的凭证，在使用中也衍生出一点货币功能。从货币属性来看，如果 Coin 被叫作强货币，那么公链 Token 就是弱货币，非主链 Token 则基本不具备货币功能，仅限于特定场景使用，类似于一张“门票”或“通行证”。

值得注意的是，像比特币这种在区块链上发行的加密资产，虽然具有货币功能，但是一定要区别于一个国家的法币或央行发行的数字货币。不论是传统意义上的法定货币还是央行发行的法定数字货币，都是具有法偿性的，是有国家信用做背书的。央行创新发行的数字货币，只是把纸质人民币更换成了数字人民币，本质是流通中现金的替代，整体来看并没有增发新的货币，只是支付工具的形式发生了改变，而支付渠道和场景都没有任何变化。区块链上发行的加密资产如比特币，是凭空“创造”的一种货币形式，没有中央权威机构，无须信任背书，即可点对点进行价值转移。至今为止，在大多数国家，加密资产和法定货币之间是不可替代的，但两者并不存在冲突。

加密资产利用密码学，即一种先进的加密技术，通过消除伪造或双重支付的可能性来确保加密资产的真实性。加密资产本身具有去中心化、可追踪、交易匿名性、不可篡改性等特点。另外，由于加密资产本身是数字化资产，所以还具有内在的灵活性和全球通用性，可以更有效地参与交易。这也是加密资产越来越受欢迎的重要原因之一。

表 9－3　　加密资产的特点

去中心化	区块链是加密资产的底层技术和承载网络，加密资产诞生且依托于区块链技术。区块链为链上所有数据提供了一个分布于各个链上参与者的加密账本，每个参与者的账本是一样的，都记录了加密资产从始至今的所有交易数据，并且每个参与者的账本将同时更新存储新的数据，以反映新的交易信息。这个账本不会掌握在一个中央实体手中，而是同时存放在多个参与者的计算机中并向公众公布。因此，加密资产不受任何单一个体控制，交易不需要银行、证券机构、政府等第三方的维护和运转
交易匿名性	除非有法律规范要求，单从技术上来讲，各区块节点的身份信息不需要公开或验证，信息传递可以匿名进行

续表

不可篡改性	加密资产交易完成后，相关交易信息将被收集并压缩成64个字符，产生一个新的哈希代码，并改变哈希函数结构，从而利用哈希函数的特性，使交易记录不会被篡改。如果交易记录中有错误，则必须添加新交易才能撤消该错误，这两个交易随后都是可视的
全球流通性	在全球的每一个角落，只要有互联网存在，加密资产就可以存在
灵活性	加密资产可以把线下传统资产数字化、通证化。如NFT类型的加密资产，可以将现实世界中的音乐、艺术品、收藏品等数字化，制作成独一无二且不可复制的链上资产

二、加密资产对资本流动及资本流动管理措施的影响

（一）加密资产如何影响资本流动

1. 降低交易成本和信息不对称。

国际资本市场存在显著的交易成本，同时受到信息不对称或熟悉效应的影响，交易效率大打折扣。由于加密资产具有匿名性、数字化运行、无须中介机构参与等特性，使用加密资产进行交易速度快、成本低、效率高，因此在国际资本市场中，加密资产可以通过降低交易成本和市场摩擦影响跨境资本流动总量。从投资者的角度来看，由于交易媒介（加密资产）和支付手段的数字化以及与之相关的资产代币化，市场的基础设施可能会变得更有效率，交易成本更低，使得投资者更容易进入国外金融市场进行投资，实现资本的跨境流动。加密资产，如全球稳定币，如果与来自电商和社交网络平台的大数据相结合，也可以提供更好的跨境信贷分析，并有助于降低信息不对称。从借款人的角度来看，加密资产交易使得搜索和交易成本降低，有助于减少对银行跨境融资的依赖，拓宽进入国际资本市场的渠道，并且对欠发达国家或全球中小企业的金融包容性提高。加密资产的使用让更加原子化（即更加独立且广泛）的投资者和借款人出现，这会导致更多的噪音交易和羊群行为，从而影响资本流动。

2. 作为投资对冲工具。

加密资产已经被视为抵御汇率和通胀风险的对冲工具，尤其是在宏观经济动荡的国家和地区。在基本面较弱的经济体中，使用加密货币进行支付的便

利性、交易的匿名性、加密资产（特别是在年轻人中）的新颖性和诱惑，以及对冲宏观金融风险的愿望，都激励着人们使用加密资产进行交易或投资。IMF工作报告指出，金融体系更发达的国家可能更不倾向于使用加密资产，反倒是经济较薄弱或不稳定的国家的人通过加密资产避险或投机的意愿更加强烈。

实际上加密资产已被当作一种新的投资类别，许多投资者将加密资产视作投资领域的替代资产，丰富了投资者的多样化投资选择，有利于分散投资风险。但加密资产的价格高波动特点造成了其作为对冲工具的高风险性，从而造成全球跨境资本流动的不稳定。

3. 放大全球金融周期。

加密资产的持续增长和采用也可能引发新的宏观金融风险。加密资产，特别是稳定币，作为一种新的支付手段，可能会替代当地货币，成为交易媒介、储藏价值，甚至是作为记账单位，特别是在通货膨胀和汇率波动严重的国家，可能更加倾向于选择加密资产作为流通中的货币，从而加密资产将影响一国的经济金融体系，承载风险的传递。另外，加密资产可能被一些人视为一种新的资产类别，具有鲜明的收益和风险特征，为投资者跨界配置资本创造了新的激励。如果加密资产的增长得以持续，它们可能会增加金融冲击在全球的传导，并放大全球金融周期的影响（IMF 2020a）。在“二元悖论”理论框架中，全球金融周期作为重要的冲击因素，对跨境资本流动有着重要影响。全球金融周期冲击能够导致投资组合流动和信贷流动产生强烈的顺周期性，这在新兴市场国家中更加明显。同时，加密资产的持续增长可能会放大全球金融周期对资本流动的冲击作用。

4. 转移腐败收益/洗钱。

据世界银行与联合国毒品和犯罪问题办公室联合发布的报告：发展中国家和转型期国家每年产生的腐败收益高达数百亿美元，其中大部分被转移到发达国家。腐败分子通过洗钱渠道将巨额资金汇出境外，逃避惩罚，已是腐败犯罪的经典公式。在一些腐败管控更严格的国家和地区，寻求加密资产渠道将腐败收益转移出境的可能性更高。相比于传统的洗钱方式如地下钱庄，通过加密资产的资本转移更加高级，隐秘性更高，且交易十分便捷，交易成本也较低，因此，加密资产已经成为转移腐败所得的潜在工具。另外，虽然现金也能够提供完全的匿名性且大面额钞票长期以来都被认为是犯罪和逃税的途径，但目前的加密资产能够更加迅速、便捷地转移更大的金额。

因此，加密资产为秘密转移大额的腐败收益创造了条件，可能会助长腐败，并造成目前CFM监管难以覆盖的资本流动。

5. 监管套利。

加密资产市场由一个基础设施和相关实体支持，他们共同构成一个加密资产生态系统，这个系统的分权程度显著影响到国家当局执行CFMs的难度。生态系统的权力越是分散，就越难以管理。举例来讲，对单一发行人发行稳定币的监管，要难于对有央行储备支持的稳定币的监管；对通过自营钱包访问的加密资产的监管，要难于对通过托管钱包访问的加密资产的监管；对于场外交易所交易的监管难度，要显著高于对场内交易所交易的监管。加密资产在许多国家仍处于法律真空中运行，国家内部和国家之间没有共同或一致的加密资产分类法。具有类似特征的加密资产在不同国家却有不同的界定。这种缺乏共同分类的情况导致国与国之间监管不一致、监管覆盖面不完整和监管套利。加之加密资产本身的去中心化、交易匿名性、全球流通性等特点，许多加密服务提供商为更加自由地、不受监管地提供交易服务，会主动寻求监管相对薄弱的国家或地区，在当地设立交易所平台进行跨境运营，而国与国之间没有形成统一的监管框架，从而造成相当程度的难以监测的资本跨境流动。

（二）加密资产为何能规避资本流动管理措施（CFMs）

加密资产近年来逐渐作为资本流动的新兴渠道，受到追捧。之所以使用加密资产进行资本外逃或资产转移受到欢迎，与它本身具备的特性是密不可分的。加密资产的基因决定了其天然具有隐秘性和安全性。除自身原因决定的潜在吸引力外，法律和监管框架的空白加剧了这一情况。新兴的加密资产如今处于金融监管较为空白的地带，尤其是在资本流动管理当中，对于加密资产还没有形成相对完善的监管内容和框架，很大程度上促进了加密资产渠道进行资本流动的盛行。具体来说可以概括为以下三点：

第一，加密资产的法律地位往往模棱两可，从而经常在监管真空中运作；加密资产可能不在现有外汇管理和CFM监管的范围内，监管当局可能没有明确界定的目标和权力来管控加密资产的使用。国际货币基金组织和国际财务报告准则将部分加密货币资产归类为非金融资产，这样一分类，有些执行CFMs的当局可能就不具有相应的管理授权。另外，由于加密资产很少被当作法定货币，因此往往不被外汇定义所涵盖，外汇管理当局就不具备管理加密资产的权力。

第二，加密资产持有者或最终用户的身份和居留权不易为人所知。大多数加密资产交易方都是以化名进行交易。即使交易数据可追踪，但是真实的交易方信息却不可以获得；即便持有加密资产，也并不识别持有人的居住地，因此对目前的CFM监管具有极强的隐秘性和安全性。

第三，去中心化特性使得加密资产交易可能不涉及任何中介机构或服务提供商。传统金融体系中的中介机构或服务提供商有责任遵守外汇和CFMs的规定，并可核实交易双方的身份和交易性质。也就是说，CFMs的实施通常需要金融中介发挥重要作用，但加密资产可以点对点进行交易，不需要任何中介，即使通过交易所和钱包等中间商进行交易和持有，这些中间商也可能不受监管或没有义务遵守CFMs。

因此，理论上说，在资本管制越严格的国家和地区，通过加密资产转移价值造成资本跨境流动的意愿越强烈、资本外逃事件越频发，且目前全球范围内都难以监测。

三、加密资产冲击下资本流动管理措施的改进

全球范围内加密资产火热程度不减，且处于初步发展阶段，未来的发展潜力较大。目前中国虽然持保守态度，但未来绝对不会在加密资产领域“闭关锁国”。不论是加密资产自身势不可挡的发展劲头还是国家发展的必然要求，中国都应当在危机中寻找转机，在逆境中砥砺前行，在挑战中解决问题，趋利避害，扬长补短，开拓创新，向经济高质量发展迈进。因此，面对加密资产带来的资本流动种种问题，中国更应当多多借鉴国际社会经验，立足本国国情，创新CFM监管，强化CFM监管，发展CFM监管。

（一）加密时代CFMs的完善建议

IMF于2022年5月11日，发布*Capital Flow Management Measures in the Digital Age*，探讨了加密资产如何挑战CFMs的有效性，并且为监管政策制定者提供了重要建议。总结概括为以下几点：

1. 设计针对加密资产的全面、一致和协调的监管方法，并将其有效应用于CFM。

现有的外汇和CFMSs法律和法规通常不包括加密资产，国内外相关当局

之间缺乏协调和信息共享安排。设计针对加密资产的全面、一致和协调的监管方法，首先需要明确各种加密资产的法律地位、允许活动的范围以及各种监管机构的任务，更进一步，法律应明确规定参与加密资产交易的市场参与者的权利和义务，以及各监管机构的职责范围，避免职权重叠或空白，跨各部门分工协调监管，确保加密生态系统的所有相关环节都被监管所捕获。

其次，对加密资产进行一致的分类是在国内外建立连贯一致的法律和监管框架至关重要的环节，一个统一的分类法将有助于促进公平竞争，以便在各国以类似的方式监管类似的产品，并且收集的数据对于了解市场发展和监测风险具有可比性，减少监管套利机会。

再次，需要审查和修订外汇和 CFM 的法律和法规以涵盖加密资产。目前在一些国家加密资产不被归类为金融资产或外币，进而超出了央行和其他监管当局的相关授权，现有的外汇和资本管制条例可能无法涵盖它们，因此，这个监管漏洞应当被弥补。此外，应将加密资产服务提供商如交易所和钱包提供商纳入监管范围，遵循法定货币的同等框架。

最后，持续有效地实施反洗钱/打击恐怖融资标准。虽然 FATF 标准并不直接适用于 P2P 交易，然而，P2P 环境下的风险应该被监控和缓解。对于受监管的金融机构，应就其对加密资产的敞口以及与加密服务提供商的接触给予明确的指导和要求，并制定机制来规范和监督在司法辖区外却为辖区内提供服务的服务提供者，如给指定辖区内的服务提供商注册和发放许可证，尽量减少监管套利，确保 CFM 的持续有效性。

2. 探索建立新的国际合作安排。

不同司法管辖区监管当局之间的现有合作协议（如双边谅解备忘录、多边谅解备忘录等）虽已经建立得很好，但至今不涉及加密资产的相关内容。此外，尽管资本流动可能发生在发达经济体、离岸金融中心和发展中经济体之间，但大多数发达经济体和离岸金融中心的资本流动已经自由化，CFMs 通常不在这些经济体金融监管机构的任务范围内，其监管机构可能没有实施 CFMs 的权力和工具。因此，可以调整现有的监管合作协议，以实施与加密资产有关的 CFM。

3. 解决数据缺口，利用监管技术（regtech and suptech）创建异常侦测模型和危险信号指标，以便及时进行风险监控和 CFM 实施。

监管应发挥技术手段，加强身份管理和交易监控，如收集和分析客户和交易数据，以及基于自动触发器识别不兼容的交易。目前加密交易的数据很多是自愿共享的，缺乏统一性，数据往往不可靠、不完整，可用性低、质量低。监管当局可以考虑利用区块链技术发展自己的监测工具，解决数据缺口。不同的监管当局之间也可以建立合作机制，共享相关数据，提高数据的完整性。

政策制定者可以利用监管技术创建异常侦测模型和危险信号指标，如FATF异常侦测指标建模可用于监测CFMs的遵守情况，并通过调整监测指标，如将加密资产转移给多个服务提供商（特别是在其他司法管辖区注册或经营的）、在没有逻辑业务说明的情况下使用多个账户、在不同的名称下创建单独的账户，或者使用隐私硬币、混合器和翻滚器等。通过对这些与加密资产相关的指标构建和监测，及时进行风险管控和CFMs实施。监管当局需要在CFM执行中找到事前批准和事后监督之间的适当平衡。而对于新兴市场和发展中经济体而言，资源和技术水平的差距可能对有效采用监管科技来支持CFM的实施构成挑战。

加密资产目前的发展还处于早期阶段，各种问题层出不穷，社会评价褒贬不一。长期来看，随着加密资产的底层技术越来越成熟，监管制度越来越完善，现在加密资产带来的各种不良影响将会逐渐减弱，取而代之的是人们更加娴熟地使用加密资产参与各种社会活动，利用区块链等底层技术带给我们更加安全、可靠的网络生活，提高与政府有关的付款透明度并及时记录减少腐败的发生，增加全球资产的安全性等。但是短期内，加密资产不断发展创新问题频出，其对CFMs监管构成的挑战是持续存在的，特别是在监管和技术能力限制严重的新兴市场和发展中经济体。因此，建立一个统一的全球范围内的全面、协调、一致的CFMs监管框架来指导国家监管，减少来自加密资产的资本外逃和金融稳定风险，是未来的大趋势，有利于守法和良好的经济社会环境的构建。

第三节　资本流动管理手段的新补充——央行数字货币

一、中央银行数字货币的定义及发行流程

中央银行数字货币（Central Bank Digital Currencies，CBDC），是中央银

行以数字形式发行的法定货币。传统上，法定货币以纸币和硬币的形式出现，然而随着技术的进步，政府和金融机构可以基于信用并通过数字的形式补充实物法定货币。

CBDC 有着不同的支付方式，中央银行可以选择是否需要采用基于代币或基于账户的不同方案。基于代币的 CBDC 方案通过专门的应用程序（也被称为“数字钱包”）将价值对象转移，进而完成货币分配。这种方案更注重隐私，同时加剧了洗钱、诈骗等风险。基于账户的 CBDC 赋予每个居民独一无二的 CBDC 账户，货币通过这些账户进行分配。这种方案有利于监管机构更密切的监控交易。图 9－2 展示了这两种方案的支付流程。

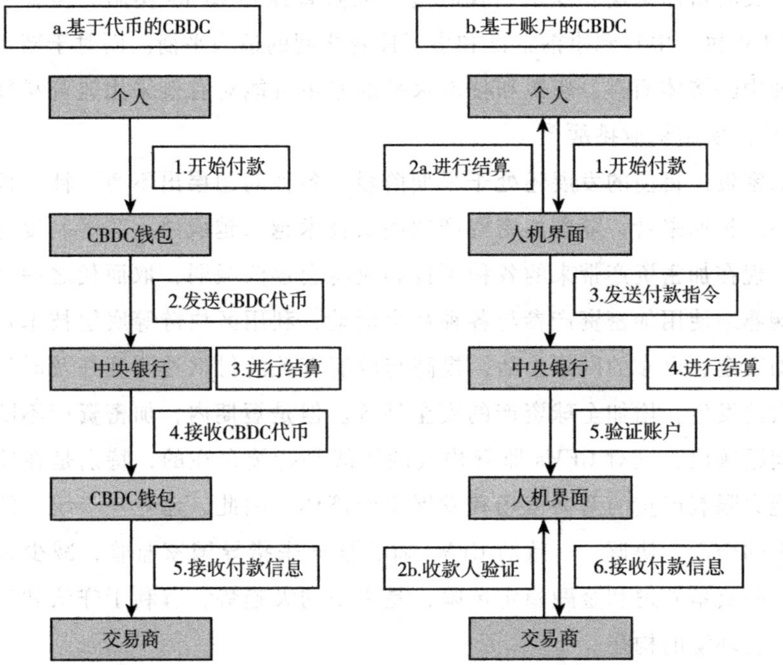

图 9－2　基于代币的 CBDC 和基于账户的 CBDC 支付流程

资料来源：Deloitte. 2022. “Central Bank Digital Currencies: Building Block of the Future of Value Transfer.” Deloitte Global Research Report, Apr 2022.

目前世界各国发行的 CBDC 可分为批发型和零售型两种类型。批发型 CBDC 类似于中央银行持有的储备金，由中央银行授予商业银行等金融机构一个账户，该账户主要用于存入资金或结算银行间转账等大额结算。零售型 CBDC 是政府支持的数字货币，它被允许作为所有公共和私人交易的有效法定货币，适用于社会上所有的个人消费者、家庭和企业。批发型和零售型这两种 CBDC 并不相互排斥，一国政府可以同时发展两者，并让它们在社会经济中同时发挥作用。

零售型 CBDC 是目前学术研究的重点对象，其中间接零售 CBDC 和直接零售 CBDC 是最常见的设计方案。间接零售 CBDC 的发行由获得资格的金融机构直接执行，之后再将支付指令传输到中央银行进行结算。直接零售 CBDC 取消了中介结构，由个人和企业通过中央银行的私人账户持有货币。图 9－3 展示了间接零售 CBDC 和直接零售的 CBDC 的发行过程。

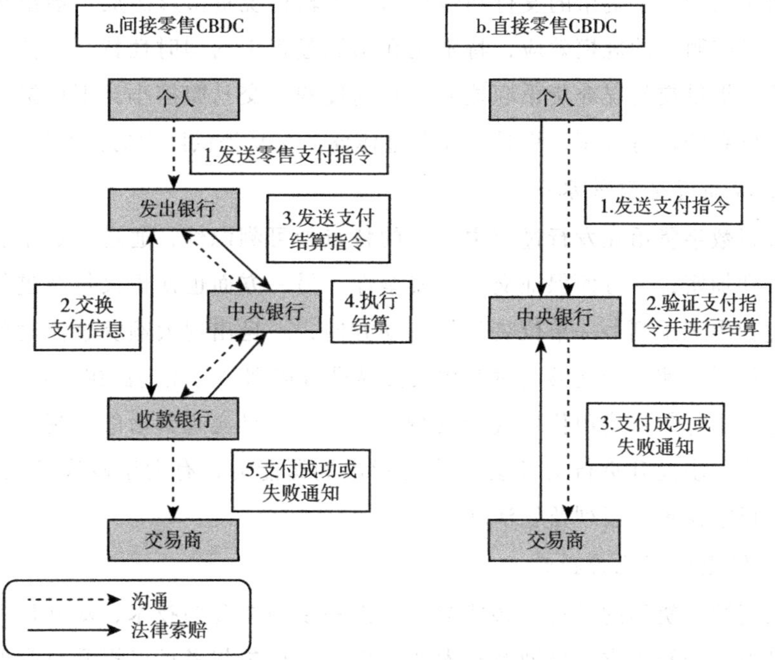

图 9－3　间接零售 CBDC 和直接零售的 CBDC 的发行过程

资料来源：Deloitte. 2022. "Central Bank Digital Currencies: Building Block of the Future of Value Transfer." Deloitte Global Research Report, Apr 2022.

二、央行数字货币发行的收益与风险分析

目前全球多国都在致力于研究与发行央行数字货币，其中就包括上文提到的发行过程，以及基于保障措施的法律框架。然而，发行央行数字货币既

是当前全球货币竞争背景下的必然趋势，占得先机者将从中获取大量竞争收益，与此同时也会带来一定的潜在风险。具体来看主要包括以下几个方面：

（一）收益

一国中央银行发行央行数字货币，能够通过降低管理成本、强化资金监管、促进金融创新、提升货币政策效率和提升金融普惠性五个方面带来显著的社会收益。

1. 降低管理成本。

由于央行数字货币的发行和转移的成本较传统货币形态成本会出现显著下降，具有明显的规模效应，特别是在结算过程中的即时性特征，使央行数字货币在提供交易媒介货币职能时交易速度快、交易摩擦小，不仅提升了支付结算体系的运行效率，更是为社会整体商品交易提供巨大的便利性。

2. 提高资金监管水平。

央行数字货币在发行过程中最大的特点即可溯源性，通过对数字货币进行编码和加密，一方面保证交易的安全性，另一方面也便于央行在进行资金监管过程中溯源到每一单位货币的流动方向，一旦出现大额资金流动就会触发预警机制，使央行能够及时对相关交易进行追溯，防止违法犯罪行为发生。特别是在央行数字货币代替现金发行后，未来一旦实现货币的去现金化，则能够更进一步提升央行对社会整体的货币溯源能力，有助于政府开展反恐、反贪、反逃税等一系列监管活动。

3. 促进创新能力提升。

央行数字货币的发行，必然会衍生出一系列新金融技术、新支付生态场景以及新的交易需求。借助新技术的开发，市场参与者可以提升自身的创新动力和创新能力，提升资源配置效率；同时监管部门也能够利用新技术提升自身的金融监管能力，并弥补加密货币法律空白的现状，为防范系统性金融风险提供助力。

4. 提高货币政策灵活性。

央行数字货币的发行，在很大程度上提升了中央银行对各类资金账户的监管和控制能力，特别是可以通过直接减少数字货币账户实施负利率政策，这将大大提高货币政策的执行力，降低货币政策实施效果的时滞性，最大限度提升货币政策的灵活性。

5. 提高金融普惠性。

由于央行数字货币的发行无须通过任何商业银行开设银行账户，这就使许多不具备开设银行账户条件的人群能够直接获得数字货币钱包，并获取相应的金融服务，特别是对于一些欠发达经济体、地区及乡村而言，无需铺设大量基础设施即可为居民提供相应的金融服务，有助于这些地区的经济发展。

（二）风险

尽管发行央行数字货币存在着许多好处，但是作为一种全新的法定货币形式，其发行过程必然也会为现有金融体系带来风险与挑战，具体来看包括去中介化、威胁金融稳定、隐私性与可塑性的权衡以及技术安全性四个方面。

1. 造成金融系统去中介化。

由于央行数字货币的发行不需在银行开设账户，在基于央行数字货币衍生出的创新型产品迅速提升的可能性下，会有大量存款资金流入央行数字货币钱包账户当中，压缩银行的资金来源，严重者甚至可能会导致银行的中介化职能完全消失，因此银行体系可能会面临巨大挑战。

2. 央行数字货币的金融创新可能会带来巨大的金融风险。

由于央行数字货币的发行和流通目前仍处于起步结算，无论是市场参与者还是监管部门都无法预估到未来基于央行数字货币的金融创新可能会发展成怎样的境地，加之目前关于数字货币的法律领域仍处空白状态，市场参与者的逐利性一旦发现了漏洞或突破口，可能会在短期内迅速加剧市场的金融风险，破坏进行体系稳定。

3. 隐私性与可溯源性的权衡问题。

央行数字货币发行的其中一个重要目的就是，基于其可溯源性特征将非法经济活动纳入监管范围之内，有助于维护一国经济安全；与此同时，其发行过程中为了保证个体经济参与者交易的安全性，需要将交易进行匿名化处理。这两种特性从本质上看是存在矛盾的，一旦偏向于其中一方特性，必然会导致另一方特性的弱化而降低央行数字货币发行的效应，因此如何权衡两者之间的关系也是下一步发行与管理央行数字货币的重点内容。

4. 技术安全性隐患。

尽管从目前技术角度来看，央行数字货币具有显著的技术优势，科技从业人员暂时还无法利用技术手段找到央行数字货币发行的技术漏洞，但随着计算机技术的迅速发展，非法分子及黑客一旦实现了技术突破，就可能针对央行数字货币的技术漏洞进行大肆攻击，最终导致整个生态体系的破坏，这种破坏对整个国民经济的影响是无法想象的。因此央行必须不断检测和修正技术漏洞，加强技术监管，防止上述风险的发生。

三、央行数字货币与资本流动管理

（一）加密货币削弱了资本流动管理措施有效性

在经济全球化高度发达的今天，国际资本流动成为影响各国经济增长和金融稳定的关键因素之一。资本流动给一国带来收益的同时，往往伴随着各种风险。尽管政府采取金融部门政策和宏观经济政策可以改善资本流动带来的风险，但是当面临一些特殊的经济状况时，这些政策的有效性会大打折扣。届时，资本流动管理措施（CFMs）可以发挥作用，支撑金融部门政策和宏观经济政策的有效运行。

目前很多国家的央行同欧洲央行一样，将加密货币定义为一种特殊资产，它不是，也不代表任何可鉴别实体的金融债权或负债。加密货币不具备货币功能，因此不会对实体经济和货币政策造成重大影响。在这样的思想下，各国政府和央行对于加密货币的法律框架几乎是空白的。但是在数字化的时代背景下，国际货币基金组织（IMF）对加密货币影响 CFMs 的有效性提出了忧虑。

CFMs 的实施原则通常是基于居住地和基于货币这两种形式，通过提高交易成本或资金转移成本，直接限制资本的跨境流动。然而，加密货币和稳定币的创新理念在于去中心化、无国界化和其匿名特征。它们的这些特点极大程度上规避了 CFMs 的实施原则。

尽管加密货币目前在全球资产中占比很小，但是它们大多是个人或机构为了投机活动而持有。当一国经济危机发生时，国内的投机活动往往十分活跃。政府实施 CFMs 限制资本流动的部分目的就是打压投机者，从而维持系统性金融稳定。在缺乏加密货币监管的情况下，加密货币就成为投机者规避监管机构的最佳工具，CFMs 维护系统性金融稳定的能力遭到削弱。

稳定币对现有 CFMs 体系的冲击可能更为强烈。许多商业机构正筹划构建全球稳定币。稳定币理论上价值波动较小，具备货币功能，可以作为国际结算的通用货币。如果稳定币在将来得到各国政府的认可，那么基于稳定币的国际结算体系将会是完全脱离于目前的 CFMs 框架的。为了应对未来国际金融格局的改变形势，各国政府应当对现有的 CFMs 体系进行改革，将数字货币概念纳入其中并完善数字货币的法律框架。

除此之外，加密货币还会为 CFMs 带来多方面的挑战。加密货币技术复杂，迭代速度快，监管措施需要经常微调以跟上不断创新的技术。稳定币的流行还有可能放大金融周期，加剧极端性的跨境资本流动，影响国内和国际的金融稳定。

（二）在加密资产冲击下 CBDC 对资本流动管理的影响

如上文所述，加密货币的流行可能严重削弱政府的资本流动管理效率。作为官方的数字货币，CBDC 和加密货币既相似又互相区别。零售 CBDC 是最具变革性也是最有可能影响资本流动管理体系的重点。各国政府正在衡量 CBDC 对资本流动管理的利与弊。

在目前的国际金融形势下，发展 CBDC 对于一国的资本流动管理，尤其是 CFMs，有着相当可观的收益。

首先，发行零售 CBDC 可以扩大一国的金融包容性，提高支付系统的效率和稳定性，促进金融机构的竞争和创新。CBDC 在一定程度提高了金融机构效率，提高了国内系统性金融稳定，这为资本流动管理提供了好处。

其次，CBDC 的可追溯特点适用于 CFMs 的设计原则。歧视性 CFMs 需要区别居民和非居民，而 CBDC 可以快速、准确、低成本地完成这一目标，极大地提高了 CFMs 的实施效率。

最后，CBDC 为资本流动管理带来的最大收益是数字货币法律体系的完善。数字货币法律定义的模糊与监管范围难以覆盖，是 CFMs 失效的主要原因。央行在设计 CBDC 时可以很快熟悉数字货币技术，加快国家完善数字货币的相关法律。尽管稳定币旨在去中心化，但是一些商业机构已经在构建自己的稳定币监管体系（交由非营利性的第三方机构监管）。政府通过发行 CB-DC 可以保留其对支付系统的控制，或者至少保留监督的权力。研发 CBDC 将有助于政府完善数字货币法律体系并恢复实施 CFMs 的有效性。

第十章

以人民币国际化激活改革红利，促进国际资本流动安全运行

在当前逆全球化背景下，国际资本流动风险加剧，外部的负面冲击无论是对国际资本流动本身还是以国际资本流动为媒介对国内宏观经济稳定运行的扰动，都会影响我国经济的可持续发展。特别是在当前人民币国际化的重要关头，这一进程的逐步深入与国际资本安全稳定流动之间可能会呈现显著的相辅相成态势。换言之，人民币国际化可能会通过提升人民币在全球的使用范畴，实现国际资本流动的疏导，帮助国内金融风险更好地向外传递。

第一节　人民币国际化的内涵与现状分析

一、人民币国际化的内涵

从人民币国际化内涵来看，我们基于货币国际化的定义，一方面，可以将人民币国际化解释为人民币在国际范围内行使货币职能，成为主要贸易结算货币、金融交易货币以及政府国际储备货币的过程（陈雨露，2012）。另一方面，指的是非居民之间人民币可自由兑换性（何东，2009）。从这一角度来看，人民币国际化实质上就是中国资本项目自由化的过程，而一旦我国资本项目开放程度加深，必然会对我国的国际资本流动产生巨大冲击。人民币国际化，不仅可以从微观视角促进国内外投资者之间的经济金融密切往来，也可以利用风险疏导的方式强化国内外经济金融风险的传递关系，从而显著

弱化国内系统性金融风险的积累与爆发。

国外关于货币国际化问题的研究起源于货币国际地位方面的问题研究。科恩（Cohen，2006）认为，如果一国货币在全球金融市场、主要国家中央银行储备以及国际贸易中变现突出，则可定义为“该国货币国际地位高”。而从布雷顿森林体系解体后的主要国际储备货币比重结构及其决定因素方面来看，货币发行国的经济实力、通胀水平、汇率弹性以及代表地金融中心的全球竞争力等因素也直接决定了该货币的国际地位（Chinn & Frankel，2008）。随后，一些学者基于前人研究基础，将货币国际地位高低直接与外汇市场挂钩。IMF（2010）认为，判断一种货币是否在外汇市场上能够广泛交易，可以通过货币交易总量、是否存在远期市场以及该货币机制交易的买卖差价等指标进行评估。而基于这种标准来判断，美元在外汇市场的流动性是人民币所无法比拟的（Eichengreen，2011）。

此外，部分学者认为一国货币国际化程度可以从货币金融层面进行衡量。一般来说，非居民持有本币金融资产比重大小在很大程度上可以用以衡量该本币的国际化水平（Li & Matsui，2009）。尽管人民币在全球贸易结算系统当中的使用比例提升很快，但从非居民金融资产持有比例角度来看，仍然与全球主流货币（美元、英镑、欧元和日元）相比存在较大差距。

2015 年 11 月，国际货币基金组织执行董事会发布公告，批准人民币加入 SDR 货币篮子，且在货币篮子中的权重设定为 10.92%，位居美元（41.73%）和欧元（30.93%）之后排名第三。这标志着 2001 年以来 SDR 货币篮子结构被重新打破，人民币进入 SDR 也预示着中国将逐步成为国际自由兑换的第五种货币，对我国金融开放将会产生深远影响。

二、人民币国际化的发展历程

目前，人民币国际化已经进入实际操作阶段，且取得一定成效，如在贸易方面，跨境贸易人民币结算已经成为人民币国际化的重要支撑；而在金融领域，中国人民银行通过与多国签订双边本币互换协议实现货币互通使用，并在此基础通过发展自由贸易区，实现除中国香港外的离岸金融市场建设（包括上海、海南等），逐步形成了人民币金融资本市场新渠道。具体来看，目前人民币国际化进程如下：

首先，政府通过积极鼓励企业使用人民币开展贸易结算来扩大人民币使用范围与频率。自2011年起，中国人民银行、财政部、商务部以及海关总署等多部门联合发布《关于扩大跨境贸易人民币结算地区的通知》，放松了全国范围内跨境贸易人民币结算的门槛。2020年5月，根据SWIFT最新报告显示，2020年3月人民币交易使用量由2月的1.85%上升至1.89%，全球排名由上年同期第六位上升至第五位。尽管与排名第一的美国（所占份额为44%）存在较大差距，但也能看到人民币在全球范围内交易份额的逐步提升。在“一带一路”倡议的加持下，人民币与“一带一路”沿线国家之间的关联程度愈发紧密。2018年至2019年，我国与巴基斯坦和缅甸等国签订协议，双方协商在未来的贸易与投资活动中，公共部门与私人部门均可以使用人民币作为结算货币。未来将会有更多国家与我国签订人民币跨境结算的协议，这都将为人民币国际化奠定坚实的基础。

其次，基于清迈协议框架下的货币合作，促使人民币与其他国家货币互换实践更加频繁。截至2020年，我国已经与21个“一带一路”沿线国家签订了双边本币互换协议，总金额超过了4万亿元人民币，且中国早在2013年就与欧洲中央银行和韩国中央银行签订了货币互换协议，帮助相关企业与中国贸易伙伴开展票据结算，已经形成了良好开端。该机制也为人民币国际化提供了巨大的帮助。

最后，在资本管制方面的逐步放松降低了人民币跨境交易成本，也为人民币国际化创造了低成本条件。自2009年起，我国对境外直接投资资金汇出的审查与批准要求开始逐步放松，对外直接投资外汇来源的事前审查机制变为事后登记。合格境外机构投资者的投资限额逐步提高，并逐步开展境内企业对外直接投资、境外直接投资的人民币结算试点，同时还向外资银行开放了银行间债券市场。而在最近我国利率市场化进程中关于LPR的定价政策方面，包括渣打中国、花旗银行等具有外资背景的商业银行也参与到LPR的定价当中，这样也充分说明我国在资本项目开放方面取得了一系列重大进展。从资本市场对外稳步开放方面来看，无论是沪港通还是沪伦通，人民币都基本实现了资本项目下的回流，并伴随着人民币合格境外机构投资者RQFII和前海境外人民币贷款试点的迅速发展，境外人民币回流渠道也得到进一步完善。近年来人民币国际化进程的关键节点内容见表10-1。

表 10－1　　人民币国际化发展进程

时间	内容
2009 年 7 月	上海等 5 个境内城市启动跨境贸易人民币结算试点
2010 年起	境内企业对外直接投资（ODI）、境外直接投资（FDI）人民币结算试点；向外资银行开放银行间债券市场
2011 年 1 月	20 个省市的居民被允许使用人民币对外直接投资
2011 年 12 月	中日签署货币协定，以促进双边贸易与投资中两国货币的使用
2012 年起	个人经常项目跨境人民币业务试点（2018 全国使用）；指定中国台湾人民币清算行
2013 年起	境外人民币放款、跨国企业人民币资金池、全口径跨境融资业务陆续开放； 与欧洲央行签订货币互换协议
2014 年	开通沪港通
2015 年	“8·11”汇改和人民币跨境支付系统上线（CIPS）
2016 年 10 月	人民币加入 SDR 和 IMF。人民币以 10.92% 的权重正式加入特别提款权（SDR）并成为国际货币篮子中的第三大货币，标志着人民币国际化已进入到新阶段
2018 年	我国与沿线国家跨境人民币结算量达 2.07 万亿元，占同期全国跨境人民币结算量的 13.1%
2018 年 1 月	巴基斯坦，在中巴双边贸易和投资活动中，公共部门和私人均可以自由选择人民币作为基础
2019 年 1 月	缅甸央行，允许将人民币作为国际货币支付结算货币
2019 年 4 月	IMF 官网外汇储备币种构成中，人民币规模 2129 亿美元，占比 1.95%。排名第五
截至 2020 年	我国已经与 21 个沿线国家签署了双边本币互换协议； 8 个沿线国家货币实现直接交易； 7 个沿线国家建立人民币清算安排； 6 个沿线国家获批 RQFII 额度； 4 个沿线国家货币区域交易； 俄罗斯、新加坡等国将人民币纳入外汇储备

资料来源：作者整理。

第二节　人民币国际化对国际资本流动风险疏导的政策考量

一、人民币国际化的内在逻辑

从当前国际经济环境来看，全球金融危机后尽管全球经济低迷对中国带来的挑战已经过去，但随之而来的全球疫情以及中美贸易摩擦等问题成为中国需要面临的又一次重大考验，也是一次重要机遇。国际金融危机凸显了国际货币体系的弊端，使全球公众意识到美元独大的全球货币体系必然会在其不考虑负向外部性的基础上向全球美元持有者征收了大量铸币税，从而使美国拥有了全球财富分配的主导权。这种体制机制的不公平迫使国际货币体系向多元化发展成为必然趋势，这也为人民币国际化提供了广阔的空间。

在美元本位及浮动汇率制度下，美国频繁使用量化宽松政策必然为美元在全球价值配置中埋下隐患。在美元估值效应作用下，美元贬值会驱动资产重估，导致国家间财富非对称转移，进而极大地保护了美国本土的利益，而新兴经济体则会周期性受到国际游资所带来的热钱流入压力，特别是诸如中国等储备大国的资产安全会受到严重威胁。因此，人民币需要通过实现国际化来缓解上述压力。具体来看，人民币国际化动机主要包括以下几个方面：

第一，能摆脱“美元陷阱”。中国作为美国国债的最大外国持有者，一旦美国国债违约、美元持续贬值以及美国国债价格下降都会对中国所持有的巨额美元国债存量带来巨大的损失。而在当前美联储的无限度量化宽松政策下，不排除美国出于政治或经济意图可能引导国债负利率情况的出现，这对于中国而言将会造成巨大打击。因此，中国急需通过人民币国际化来对冲持有的过多美元所带来的潜在负面效应，尽快摆脱“美元陷阱”。

第二，能加快去美元化战略的实施。在这一过程中，一方面要以人民币国际化为契机，提高本币自主定价权以及争取大宗商品的定价权，从而占领国际货币战略的制高点；另一方面也应当提高与中国大国政治经济地位相符的货币政策独立性。在当前逆全球化背景下，美国的绝对政治经济实力有所下降，而欧元区也正处于经历政治、经济动荡时期，人民币国际化不仅因为国内外的一系列经验教训的积累有了进一步深化的可能，同时也因内外环境的变化有了更加深化的必要性。在这一过程中，我们需要考虑的是，如何通过完成好自己应当做的工作，在此基础上尊重市场参与者对人民币的最终选择。

第三，能化解高货币化问题。目前中国 M2 的总量已经超过了美国 M2 的总量，但中国的经济总规模仍然低于美国经济总规模。值得注意的是，美国有相当一部分美元在海外流通（包括离岸金融市场），这也能够很容易解释美国实施量化宽松政策对美国本土通胀影响并不显著的原因。而中国超发的货币目前来看只能以房地产市场作为主要“蓄水池”，但这种风险内化吸收的机制无形中加大了监管部门的工作难度，也为货币政策的有效实施带来了阻碍和制约。在我国高货币化进程中，如果人民币成功实现全球可自由流动与兑换，必然会为疏解上述风险积累提供一个更为广阔和通畅的渠道，为我国的宏观调控政策松绑。

第四，能推动国内金融改革创新。人民币国际化不仅有助于国内各领域与国际接轨的进度和效率，同时也能通过倒逼机制提升国内竞争标准，并在参与国际竞争和指定国际规则过程中促使国内金融系统能够更好、更快地进行改革，甚至带动国有企业改革和民营经济的发展，可以做到以点代面，最终进入一个为开启以人民币国际化驱动的全面开放的新时代。

二、人民币国际化在化解国际资本流动风险过程中的关键作用

国际资本流动系统性风险的积累与暴发，不仅对外汇市场产生影响，同时也会对国内系统性金融风险带来重要的外部冲击。针对国际资本流动风险，关键在于疏堵结合。其中“堵”强调在国际资本流入、流出变化幅度远远偏离警戒线时，需要通过合理的资本管制方式进行宏观审慎管理。但这种方式无疑仅存在短期效应，一旦国际游资掌握了中央银行的政策制定思路，必然会通过多种手段或渠道来逃避监管，形成隐性“热钱”进入国内，这反而会加大国际资本流动风险对国内经济造成的危害。因此，长期来看，对国际资本流动风险的处理应当是“疏”优于“堵”。

从风险疏散的角度来看，美国作为对外风险疏导政策最为成功的经济体，其政策的制定与实施往往将收益锁定在国内，而将风险转嫁给国外。这种政策外部性尽管从国际政策协调角度来看具有极大争议，容易引起货币贬值的恶性竞争，但从美国自身来看短期仍然利大于弊。中国作为新兴经济体的代表，在美国实施量化宽松货币政策过程中无疑是主要风险外溢的承担者之一，极大的本币升值压力促使大量国际资本涌入国内，造成通胀压力，并在后期美元进入加息周期后又会反向造成国际资本外逃压力。

从微观主体视角来看，首先，人民币国际化对我国贸易型企业带来显著的正面影响。人民币国际地位的上升，会带动我国外贸企业的国际地位上升。由于在贸易合同中企业可以选择以人民币计价和结算，不仅提升了我国企业

在国际贸易谈判中的实际话语权，还能强化人民币在国际支付流动的规模，得到境外金融机构及公众的认可和使用。与此同时，人民币跨境结算的扩张，可以在规避外汇风险的同时，降低国际汇兑所带来的高额成本，进而降低因汇率变动所带来的潜在损失，稳定企业在国际贸易中的利润份额。

其次，人民币国际化对我国商业银行也会带来显著的正面影响。商业银行作为国际经济贸易往来的重要枢纽，对国外企业在海外进行投融资活动提供大量金融服务。在人民币国际化背景下，中国银行业对外金融资产规模逐步攀升，无论是存款类资产、债权类资产还是股权类资产的提升都能使国内金融机构及投资者资产多元化程度提升，不仅扩展了银行业务范围，也为企业“走出去”提供便利条件。此外，人民币境外流通范围和业务的扩张，会强化机构之间人民币的相互交易，不仅为银行在外汇风险防控方面提供更多的实践机会，同时也加强了国际资本流入、流出的有效性与透明性，最大限度地降低监管部门对国际资本流动的监管成本。

最后，人民币国际化促使人民币更多地作为各国的储备货币或离岸货币，这在一定程度上降低了国际资本流动的规模与频率。当人民币完全实现国际化时，一方面人民币将会作为其他国家的重要储备货币，用于一国的对外支付，这种支付往往不限于中国与该国之间，而是其他国家之间相互进行人民币支付。在这种情况下，即使外部冲击对我国宏观经济可能会造成影响，但国际资本的流入与流出不再考虑该国本身的实际经济情况，即人民币成为全球市场参与者的高粘性货币，我国的国际资本流入与流出将会变得更加稳定。此外，若人民币成为离岸金融市场上的重要交易货币，那么大量人民币的投放无论是长期还是短期可能都不会总是最终流入本国，而是在离岸金融市场上进行流通，最终对本国的国际资本流入与流出影响甚微。因此，人民币国际化在疏通国际资本流动风险过程中将会起到关键性作用。

三、人民币国际化的具体对策

首先，应当做好人民币国际化的顶层设计与整体战略布局。一是要进一步明确推动人民币国际化的根本目的。在推进人民币国际化的长期过程中，需要通过制度改革与金融开放，完善自身的产业结构并提高潜在经济产出，推动创造一个更加稳定的货币环境，从而提升我国在世界经济当中的影响力；

二是要采取渐进式技术路线，即建立并整合当前已经或者即将建成的人民币离岸金融市场，以此为基础完善并发展国内金融市场，实现人民币汇率制度深化改革与资本项目可自由兑换相统一；三是要坚持国际结算货币、计价投资货币、价值储备货币的功能演进，逐步建立以人民币为主导的亚洲货币体系。

其次，以保持人民币币值稳定为基点，促进人民币国际化。一是要保证人民币对内币值稳定，在此基础上保持人民币的对外币值相对稳定，即保证汇率与通胀水平在均衡水平区间内的动态稳定；二是要综合考虑国内外货币经济条件，加快人民币汇率市场化与利率市场化改革，平衡好汇率目标与货币政策目标之间的协调关系，完善汇率与利率形成机制；三是要做好货币政策数量型工具向价格型工具转变的最后攻坚，继续强化 LPR 作为政策利率在货币政策框架中的重要地位，通过多元化政策工具，引导 LPR 的市场化运转，并逐步形成汇率与利率的完美市场化协调机制，实现我国宏观经济的市场化改革。

最后，要进一步加快债券投资作为人民币回流机制建设重点，加快人民币产品开发。一是要大力拓宽我国金融市场的深度与广度，加大我国债券市场与外汇市场的发展力度，扩大金融市场整体规模，提高市场流动性，并在此基础上提供多样化金融产品，在合理、有效的监管框架内强化人民币金融资产的投资吸引力；二是要通过进一步开放债券市场为人民币回流提供安全“蓄水池”。以银行间债券市场为核心，通过丰富债券品种，增加金融债券和中小微企业债券的发行，并进一步完善和加大境外金融机构对我国债券市场的参与度，鼓励他们以人民币进行发债，吸引境外投资者进行投资；三是要建设各类金融市场，丰富人民币产品品种，可加快推进多样化资产的融资融券业务，大力发展股指期货期权、利率互换以及外汇期货等创新类理财产品，在风险可控的条件下拓宽外汇投资渠道与相关金融理财产品的开放，在微观层面化解中央银行被动发钞的内生机制问题。

第三节　国家金融安全视角下国际资本流动风险的防范与对策

国际资本流动风险不仅对一国系统性金融风险的积累与暴发产生影响，

同时也会给一国金融安全带来隐患。所谓“金融安全”，指的是一国能够抵御内外冲击，保持金融制度和金融体系正常运转与发展，即使受到冲击也能保持本国金融及经济不受重大损害，如金融财富不大量流失，金融制度与金融体系基本保持正常运行与发展的状态，并具有维护这种状态的能力和对这种状态与维护能力的信心与主观感觉，并由此获得的政治、军事及经济安全（卢文刚，2003）。从目前情况来看，尽管我国当前并未出现严重的金融安全问题，但国际资本对国家金融安全的影响已经逐步显现且具有潜在扰动。国际资本对国家金融安全的冲击一般首先会攻击该国的外汇与股票市场，造成恐慌与连锁反应，然后再对实体经济及金融机构产生负面扰动，并在金融系统崩溃前及时撤出该国，进一步造成国际收支失衡。因此，需要通过具体监管措施，在防范国际资本流动风险的过程中，合理阻断其对国家金融安全带来的负面影响。

一、资本与金融项目的审慎开放

人民币国际化背景下，资本与金融项目开放成为当前 IMF 对我国的一项迫切要求，如何开放我国的资本与金融项目也是当前国际资本流动监管过程中急需解决的问题。从目前情况来看，由于东南亚金融危机的前车之鉴，迫使我国在资本与金融项目开放过程当中慎之又慎，以防重蹈覆辙。因此，必须认真审视当前我国所面临的国际新形势、新环境，设定资本与金融项目开放的前提条件，以此为原则审慎地对外开放。

首先，必须保证国内宏观经济稳定。由于国际游资短期逐利性，其对一国的经济运行状态变化敏感程度要远远高于普通投资。无论是拉美债务危机还是东南亚金融危机，这些鲜活的案例告诉我们资本与金融项目的开放必须在宏观经济稳定的条件下才能逐步实施。而宏观经济稳定条件的满足，又离不开稳定、合理的产业结构以及有效的政策调节机制，这就需要我国在供给侧改革以及货币政策框架改革进程中逐步完善。这是一个长期的过程，因此在这一过程中资本与金融项目开放必须审慎。

其次，必须保证人民币汇率的均衡波动。国际资本的流入与流出，首先会影响到一国的外汇市场，对汇率造成直接影响。而如果该国的汇率在外汇干预的情况下才能维持稳定，那么在三元悖论的约束下必然会迫使该国失去货币政策独立性。目前尽管我国在汇率制度改革方面已经进入深水区，特别是在“8·11”汇改以来对人民币中间价的定价机制进行了更加细化和完善，但目前来看汇率的波动弹性仍有待检验。只有当一国汇率能够在尽可能少的外汇干预下实现稳定波动，才能构成资本与金融项目开放的条件。

最后，必须要有完整、有效的金融监管体系。在有效的金融审慎监管制度下，能够通过合理的监管体系与监管机制，对外部冲击造成的银行系统或金融系统不稳定进行疏导。此外，良好、有效的监管体系还能对国际资本流动的规模与方向进行监控，从而减少国际资本流动冲击对整个金融系统的影响，对症下药。在这一条件下，资本与金融项目开放对国家金融安全的负面影响能够达到最小。

二、健全国际资本流动预警监控体系

对国际资本流动的合理监测与预警，能够提前预知国际资本流动变化可能的方向与规模，并及时采取相应的措施抑制其变化对金融安全造成的危害。本书第六章重点对国际资本流动预警指标体系进行了初探，但仅能做到抛砖引玉，未来还需对基础性指标进行进一步的完善，且在不同状态下需要及时补充或剔除掉相应的基础性指标，只有这样才能真正做到对预警指标体系的合理测算。此外，还需要做到以下几点：

首先，要完善国际收支与外汇账户的统计监测。对国际收支的各类交易数据的搜集必须提高相关数据的准确性与时效性，尽可能减少国际收支平衡表中净误差与遗漏项占国际收支余额的比重。此外还需要对银行现有的外币资产负债业务数据进行实时合理监控，遇到异常情况要求银行必须及时上报，排查非法资金进入境内对资本市场造成影响。

其次，要强化外汇交易和对外负债数据的统计监测。外汇交易方面，基于外汇市场及银行对客户外汇交易市场的相应外汇汇兑情况，实时监控，尽可能排查出异常外汇交易；外债统计方面，依据金融交易的差异性，对企业、个人以及政府的外债资金规模变化进行实时监控，对数据的异常变化及时做好预案。

最后，要建立以利率和汇率为核心的金融风险指标评估体系。利率与汇率作为一国货币对内与对外价值的主要体现，其变化最具时效性；同时国际资本在流动过程中对这两个变量的变化也最为敏感。因此，当两个指标在某个临界状态被突破时，可能会释放出国际资本流动转向的异常信号，监管部门必须及时发现并制定合理政策抑制国际资本流动在这一状态下成为风险的助推器。

三、加强国际资本流动的区域与双边监管合作机制建设

国际资本流动具有特殊的跨国性与跨地域性，因此如果仅从中国自身角度出发对国际资本进行合理、有效的监管显然是不够的，中国还需要从国际合作角度出发寻求双边甚至多边的国际资本流动监管协作机制建设。具体来看，应当做到：

首先，要积极推动东亚及太平洋地区中央银行行长会议（EMEAP）对话平台的建设。当前亚洲区域的金融合作协调对话平台有很多，但 EMEAP 的特点在于，各国央行主要针对危机时期的合作协调建立有效机制，形成有效、合理的市场交易网络。未来中国应当以该平台为基础，实现双边到多边的危机协调框架建设，从中获取经验，逐步提升自身在国际危机协调中的主导地位，强化中国在全球范围的经济话语权。

其次，在清迈协议框架下进一步完善亚洲区域危机救助与防范机制。在清迈协议框架下，协议国应当构建真正意义上的“储备池”，使其成为各国出现危机时的互助工具，同时也为亚洲国家去美元化进行合理尝试。在建立亚洲储备基金的基础上，实现各国之间金融危机的互帮互助。

最后，在亚洲债券市场发展倡议（ABMI）下积极推动亚洲债券市场发展。人民币国际化进程中的一项重要任务即为加大债券市场建设，搭建国际资本流入与流出的新渠道，因此在 ABMI 框架下发展亚洲债券市场也是一个合理的选择。构建与发展亚洲债券市场有助于维护亚洲区域整体的金融安全。具体来看，欧美金融市场通过吸收亚洲各国的外汇储备投资于亚洲本土市场，形成大规模的国际资本流动，而一旦投资者撤资必然会对该国造成巨大冲击进而导致金融危机，因此建立亚洲债券市场成为大量国际资本的“蓄水池”，不仅能够提升该区域资源配置效率，同时也能实现优化金融结构，对亚洲区域各国的国际资本流动起到重要缓冲作用。

参考文献

一、英文部分

[1] Ahmed S, Zlate A, Capital Flows to Emerging Market Economies: A Brave New World? *International Finance Discussion Papers*, 2014, 48 (1): 221 - 248.

[2] Baker S R, Bloom N, Davis S J, Measuring Economic Policy Uncertainty. *Quarterly Journal of Economics*, Vol. 131, No. 4, 2016, pp. 1593 - 1636.

[3] Bloom N, Uncertainty and the Dynamics of R & D. *The American Economic Review*, Vol. 97, No. 2, May 2007, pp. 250 - 255.

[4] Brueggeman W B, Fisher J D, Porter D M, Rethinking Corporate Real Estate. *Journal of Applied Corporate Finance*, Vol. 3, No. 1, 1990, pp. 39 - 50.

[5] Bruno V, Shin H S, Capital flows and the risk - taking channel of monetary policy. *Journal of Monetary Economics*, Vol. 71, April 2015, pp. 119 - 132.

[6] Bacchetta P, Van Wincoop E, Trade in Nominal Assets and Net International Capital Flows. *Journal of International Money and Finance*, Vol. 19, No. 1, February 2000, pp. 55 - 72.

[7] Calvo G A, Capital Markets and the Exchange Rate, with Special Reference to the Dollarization Debate in Latin America. *Journal of Money Credit & Banking*, Vol. 33, No. 2, May 2001, pp. 312 - 334.

[8] Calvo G, Reinhart C, Leiderman L, The capital inflows problem: Concepts and issues. *Contemporary Economic Policy*, Vol. 12, No. 93, 1993.

[9] Carvalho, Márcio G. P. Garcia, *Ineffective Controls On Capital Inflows Under Sophisticated Financial Markets: Brazil In The Nineties*. Chicago: University of Chicago Press, 2006.

[10] Coffinet J, Coudert V, Pop A, Two - way interplays between capital

buffers, credit and output: evidence from French banks. *Working papers*, Vol. 22, No. 5, 2011, pp. 1110 – 1125.

[11] Dixit A, International Trade, Foreign Direct Investment, and Security. *Annual Review of Economics*, Vol. 3, No. 1, 2011, pp. 191 – 213.

[12] Dooley M P, Capital Flight: A Response to Differences in Financial Risks. *Staff Papers*, Vol. 35, No. 3, September 1988, pp. 422 – 436.

[13] E, Fernandez – Arias, P, The Surge in Capital Inflows to Developing Countries: An Analytical Overview. *World Bank Economic Review*, Vol. 10, No. 1, January 1996, pp. 51 – 77.

[14] Eun C S, Janakiramanan S, A Model of International Asset Pricing with a Constraint on the Foreign Equity Ownership. *Journal of Finance*, Vol. 41, No. 4, September 1986, pp. 897 – 914.

[15] Froot K, Stein J, Exchange rates and foreign direct investment. *Nber working papers*, Vol. 106, No. 4, 1989, pp. 1191 – 1217.

[16] Favilukis J, Lin X, Wage Rigidity: A Solution to Several Asset Pricing Puzzles. *SSRN Electronic Journal*, Vol. 29, No. 1, 2012.

[17] Fernandez Arias E, The new wave of private capital inflows: Push or pull? *Policy Research Working Paper*, Vol. 48, No. 2, 2010, pp. 389 – 418.

[18] Gourio F, Siemer M, Verdelhan A, Uncertainty and International Capital Flows. *Social Science Electronic Publishing*, 2015.

[19] Gulen, H., Ion, M, Policy Uncertainty and Corporate Investment. *Review of Financial Studies*, Vol. 29, No. 3, 2016, pp. 523 – 564.

[20] Hansen B E, Threshold effects in non – dynamic panels: Estimation, testing, and inference. *Journal of Econometrics*, Vol. 93, No. 2, December 1999, pp. 345 – 368.

[21] Higgins M, Klitgaard T, Viewing the Current Account Deficit as a Capital Inflow. *Social Science Electronic Publishing*, Vol. 4, December 1998.

[22] Hernandez L, Montiel P J, Post – crisis exchange rate policy in five Asian countries: Filling in the "hollow middle"? *Journal of the Japanese & International Economies*, Vol. 17, No. 3, September 2003, pp. 336 – 369.

[23] Jansen W J, What do capital inflows do? Dissecting the transmission

mechanism for Thailand, 1980 – 1996. *journal of macroeconomics*, Vol. 25, No. 4, December 2003, pp. 457 – 480.

[24] Knight F H, Risk, Uncertainty and Profit. *Social Science Electronic Publishing*, No. 4, 1921, pp. 682 – 690.

[25] Keynes J M, Alternative Aims in Monetary Policy. *Essays in Persuasion.* Palgrave Macmillan UK, 2010.

[26] Kohli R, Kletzer K, Financial Repression and Exchange Rate Management in Developing Countries; Theory and Empirical Evidence for India. *IMF Working Papers*, Vol. 01, No. 103, August 2001.

[27] Leontief W, Domestic Production and Foreign Trade; The American Capital Position Re – Examined. *Proceedings of the American Philosophical Society*, Vol. 97, No. 4, September 1953, pp. 332 – 349.

[28] Lipschitz L, Lane T, Mourmouras A, Capital Flows to Transition Economies: Master or Servant? (in English) . *Czech Journal of Economics and Finance* (*Finance a uver*), 2006.

[29] Ma G, Mccauley R N, Global and Euro Imbalances: China and Germany. *China & World Economy*, Vol. 22, No. 1, 2014, pp. 1 – 29.

[30] Marcelo, P, Real Exchange Rate Response to Capital Flows in Mexico: An Empirical Analysis. *IMfFWorking Papers*, Vol. 00, No. 108, January 2000, pp. 1 – 1.

[31] Mondria J, Quintana – Domeque C, Financial Contagion and Attention Allocation. *Economic Journal*, Vol. 123, No. 568, 2013, pp. 429 – 454.

[32] Mcquade P, Schmitz M, The great moderation in international capital flows: A global phenomenon? *Journal of International Money and Finance*, Vol. 73, 2017, pp. 188 – 212.

[33] Mody A, Taylor M P, Financial predictors of real activity and the financial accelerator. *Economics letters*, Vol. 82, No. 2, February 2004, pp. 167 – 172.

[34] Neumann R M, Penl R, Tanku A, Volatility of capital flows and financial liberalization: Do specific flows respond differently? *International review of economics & finance*, Vol. 18, No. 3, June 2009, pp. 488 – 501.

[35] O'Rourke K H, Williamson J G, The Heckscher – Ohlin Model Between

1400 and 2000: When It Explained Factor Price Convergence, When It Did Not, and Why. *Nber Working Papers*, 1999.

[36] Obstfeld M, Rogoff K, The Intertemporal Approach to the Current Account. *Social Science Electronic Publishing.*

[37] Pastor L, Veronesi P, Political Uncertainty and Risk Premia. *Social Science Electronic Publishing*, Vol. 110, No. 3, December 2013, pp. 520 – 545.

[38] Peter Montiel, Do capital controls and macroeconomic policies influence the volume and composition of capital flows? Evidence from the 1990s. *Journal of International Money & Finance*, Vol. 18, No. 4, August 1999, pp. 619 – 635.

[39] Rodríguez, Francisco, Rodrik, Trade Policy and Economic Growth: A Skeptic's Guide to the Cross – National Evidence. *Nber/macroeconomics Annual*, Vol. 15, No. 1, 2000, pp. 261 – 325.

[40] Richard E. Caves, Jeffrey A. Frankel, Ronald W. Jones, *World Trade and Payments: An Introduction: International Edition.* Scott, Foresman / Little, Brown Higher Education, 2006.

[41] Reisen H, Sustainable and Excessive Current Account Deficits. *Empirica*, Vol. 25, No. 2, January 1998, pp. 111 – 131.

[42] Robertson R, Globalization Social Theory and Global Culture. *London England Sage Publications*, Vol. 69, No. 3, 1992, pp. 134 – 136.

[43] Smith G W, Cuddington J T, International debt and the developing countries. 1986.

[44] Skinner A S, Adam Smith (1723 – 1790): Theories of Political Economy. *A Companion to the History of Economic Thought.* Blackwell Publishing Ltd, 2007.

[45] Shah, Ajay, Patnaik, Ila, Capital Controls and Capital Flows in Emerging Economies: Policies, Practices and Consequences: India's Experience with Capital Flows: The Elusive Quest for a Sustainable Current Account Deficit. *Nber chapters*, Vol. 44, No. 3, 2009, pp. 609 – 643.

[46] Williamson John, *What Role For Currency Boards*? Institute for International Economics, 1995.

二、中文部分

[1] 巴曙松、顾磊、严敏：《我国国际资本流动的影响因素分析》，载于

《中国科学技术大学学报》2015年第3期。

［2］卜林、李政、张馨月：《短期国际资本流动、人民币汇率和资产价格——基于有向无环图的分析》，载于《经济评论》2015年第1期。

［3］陈国进、王少谦：《经济政策不确定性如何影响企业投资行为》，载于《财贸经济》2016年第5期。

［4］陈学彬、余辰俊、孙婧芳：《中国国际资本流入的影响因素实证分析》，载于《国际金融研究》2007年第12期。

［5］戴淑庚、余博：《资本账户开放背景下中国短期资本流动的驱动因素研究——基于半参数平滑系数模型》，载于《国际金融研究》2019年第5期。

［6］戴淑庚、余博：《中国短期资本流动波动性及其驱动因素研究——基于资本账户开放的视角》，载于《广东社会科学》2018年第4期。

［7］董有德、谢钦骅：《汇率波动对新兴市场国家资本流动的影响研究——基于23个新兴市场国家2000—2013年的季度数据》，载于《国际金融研究》2015年第6期。

［8］葛浩阳：《全球经济的“不可能三角”真的不可能吗——对丹尼·罗德里克全球化理论的批判性考察》，载于《社会科学文摘》2019年第9期。

［9］贵丽娟、胡乃红、邓敏：《金融开放会加大发展中国家的经济波动吗？——基于宏观金融风险的分析》，载于《国际金融研究》2015年第10期。

［10］何国华、李洁：《跨境资本流动的国际风险承担渠道效应》，载于《经济研究》2018年第5期。

［11］何国华、陈晞：《跨境资本流动会加大金融波动吗?》，载于《国际金融研究》2020年第3期。

［12］胡亚楠：《短期资本流动与宏观经济波动》，载于《新金融》2019年第6期。

［13］黄宪、杨逸、胡婷：《国际资本流动大幅逆转对新兴市场国家经济增长都是负效应吗？——全球化资本流出管制的适配性》，载于《国际金融研究》2019年第7期。

［14］金成晓、李岩松、姜旭：《跨境资本流动、宏观审慎管理与金融稳定》，载于《世界经济研究》2020年第3期。

［15］韩国高：《政策不确定性对企业投资的影响：理论与实证研究》，载于《经济管理》2014年第12期。

[16] 简永军、周继忠：《人口老龄化、推迟退休年龄对资本流动的影响》，载于《国际金融研究》2011 年第 2 期。

[17] 姜哲、王繁荣、吴晓勇、范延岑：《跨境资本流动宏观审慎管理的相机抉择机制研究》，载于《金融经济学研究》2019 年第 2 期。

[18] 陆正飞、叶康涛：《中国上市公司股权融资偏好解析——偏好股权融资就是缘于融资成本低吗?》，载于《经济研究》2004 年第 4 期。

[19] 李晓峰、陈雨蒙：《基于变系数模型的我国资本流动审慎管理研究》，载于《金融研究》2018 年第 4 期。

[20] 李杰辉：《我国短期跨境资本流动新动向研究》，载于《福建江夏学院学报》2017 年第 2 期。

[21] 李政、郝毅、袁瑾：《在岸离岸人民币利率极端风险溢出研究》，载于《统计研究》2018 年第 2 期。

[22] 刘曙光：《全球化与文化自觉》，载于《山西大学学报（哲学社会科学版)》2002 年第 5 期。

[23] 刘莉亚、程天笑、关益众：《资本管制对资本流动波动性的影响分析》，载于《国际金融研究》2013 年第 2 期。

[24] 马理、余慧娟：《美国量化宽松货币政策对金砖国家的溢出效应研究》，载于《国际金融研究》2015 年第 3 期。

[25] 宋勃、高波：《国际资本流动对房地产价格的影响——基于中国的实证检验：1998 – 2006》，载于《中国经济学前沿》2007 年第 4 期。

[26] 谭小芬、张凯、耿亚莹：《全球经济政策不确定性对新兴经济体资本流动的影响》，载于《财贸经济》2018 年第 3 期。

[27] 佟家栋：《当前态势不是逆转，是重构》，载于《世界经济研究》2018 年第 3 期。

[28] 王世华、何帆：《中国的短期国际资本流动：现状、流动途径和影响因素》，载于《世界经济》2007 年第 7 期。

[29] 王志强、李青川：《资本流动、信贷增长与宏观审慎监管政策——基于门限向量自回归的实证分析》，载于《财贸经济》2014 年第 4 期。

[30] 王榆芳：《金融风险传递、国际资本流动与最优托宾税率选择——基于国际资本流动两国模型的分析》，载于《经济经纬》2020 年第 4 期。

[31] 王道平、范小云、陈雷：《可置信政策、汇率制度与货币危机：国

际经验与人民币汇率市场化改革启示》，载于《经济研究》2017 年第 12 期。

[32] 王培辉、康书生：《外部金融冲击、宏观经济波动与金融内在脆弱性——中国宏观金融风险驱动因素分解》，载于《国际金融研究》2018 年第 4 期。

[33] 王桂虎、郭金龙：《宏观杠杆率与系统性金融风险的门槛效应——基于跨国面板数据的经验研究》，载于《金融评论》2019 年第 1 期。

[34] 吴丽华、傅广敏：《人民币汇率、短期资本与股价互动》，载于《经济研究》2014 年第 11 期。

[35] 伍戈、严仕锋：《跨境资本流动的宏观审慎管理探索——基于对系统性风险的基本认识》，载于《新金融》2015 年第 10 期。

[36] 杨子晖、周颖刚：《全球系统性金融风险溢出与外部冲击》，载于《中国社会科学》2018 年第 12 期。

[37] 严佳佳、曾金明：《跨境资本流动对货币政策有效性的影响研究——基于系统性风险视角的分析》，载于《经济理论与经济管理》2019 年第 8 期。

[38] 赵冉冉、沈春苗：《资本流动、产业集聚与产业结构升级——基于长三角 16 个中心城市面板数据的经验分析》，载于《经济问题探索》2019 年第 6 期。

[39] 张茉楠：《当前“逆全球化”趋势与新一轮全球化走向》，载于《理论参考》2017 年第 7 期。

[40] 张良：《资本流动突然中断的影响因素分析》，载于《财贸研究》2010 年第 4 期。

[41] 赵进文、张敬思：《人民币汇率、短期国际资本流动与股票价格——基于汇改后数据的再检验》，载于《金融研究》2013 年第 1 期。

[42] 张明、肖立晟：《国际资本流动的驱动因素：新兴市场与发达经济体的比较》，载于《世界经济》2014 年第 8 期。

[43] 张明：《危机、挑战与变革：未来十年中国经济的风险》，东方出版社 2016 年版。

[44] 郑璇：《流入驱动型与流出驱动型国际资本流动突然中断的影响因素分析——以新兴市场国家为例》，载于《国际金融研究》2014 年第 1 期。

[45] 钟永红、王雪婷：《跨境资本流动与汇率波动的长期动态关系分

析》，载于《金融论坛》2019 年第 8 期。

[46] 周建珊：《国际短期资本流动及其对我国货币政策影响研究》，载于《经济问题》2013 年第 4 期。

[47] 朱孟楠、闫帅：《异质性投资视角下短期国际资本流动与资产价格》，载于《国际金融研究》2017 年第 2 期。